军人心理健康指南

JUNREN XINLI
JIANKANG ZHINAN

冯正直　王慧中　主　编
李章红　李继会　副主编

西南大学出版社
国家一级出版社　全国百佳图书出版单位

图书在版编目(CIP)数据

军人心理健康指南 / 冯正直,王慧中主编. —重庆:
西南大学出版社,2023.12
ISBN 978-7-5697-1715-0

Ⅰ.①军… Ⅱ.①冯… ②王… Ⅲ.①军人—心理健
康—健康教育—指南 Ⅳ.①E0-051

中国国家版本馆CIP数据核字(2023)第234994号

军人心理健康指南

主　编：冯正直　王慧中
副主编：李章红　李继会

策划组稿：任志林
责任编辑：雷　兮　任志林
责任校对：张浩宇
封面设计：汤　立
排　　版：张　祥
出版发行：西南大学出版社(原西南师范大学出版社)
　　　　　地址：重庆市北碚区天生路2号
　　　　　邮编：400715　市场营销部电话：023-68868624
　　　　　网址：http://www.xdcbs.com
经　　销：全国新华书店
印　　刷：重庆正文印务有限公司
成品尺寸：170mm×240mm
印　张：13.75
字　数：281千字
版　次：2023年12月 第1版
印　次：2024年11月 第3次印刷
书　号：ISBN 978-7-5697-1715-0

定　　价：58.00元

前 言

一支伟大的军队,必然有强大的心理;一名真正的军人,必须有过硬的心理素质。当前,我国处在百年未有之大变局,经济社会深刻变革,人们的思想和心理面临很大的冲击和影响。特别是军队建设发展任务艰巨繁重,练兵备仗、执行多样化军事行动日益增多,未来作战的基本形态、作战样式、对抗手段日新月异,因而对官兵的精神和意志提出严峻考验。加强部队心理工作,维护官兵心理健康,增强官兵心理素质,是一个重大而现实的课题。学习心理健康科学知识,掌握心理调适基本方法,提高识别心理问题能力和作战心理素质,对每位官兵都至关重要。

心理素质是战斗力,心理健康出战斗力。在残酷军事作业环境中和紧急情况下,一些官兵出现恐惧、惊慌、紧张情绪,一些指挥员判断失误、处置失当,都与心理素质不过硬有关。从近几年我军遂行抗震救灾、抗洪抢险、维稳处突等急难险重任务实践看,建立在坚定的理想信念、崇高价值追求基础上的思想政治工作和及时有力的心理健康服务工作,对保持部队高昂士气和持续旺盛的战斗力起到了重要作用。在平时部队建设和日常管理中,心理问题的影响也不可低估。有的官兵高难课目不敢训,训练成绩上不去,以及部队发生事故案件特别是恶性案件,都与官兵心理素质不高、出现心理问题有关。部队心理服务做得如何,直接关系到军心士气,关系到部队安全稳定,关系到部队的凝聚力、战斗力。

美国国防部将"心理强健"的核心框架明确建立在为部队心理健康服务的

目标上,视为部队战斗力保障的关键。在伊拉克战场上,赴前线参战的美军官兵均要提前接受为期20天的基地化心理健康训练。美军从事心理健康的人员与参战人员比例为1:627。此外,美军还设有国防心理健康和创伤性脑损伤中心,针对战场需求组建心理特遣队到一线开展心理卫生工作。俄军把精神心理保障视为独立的保障类型,与战术保障、后勤保障、技术保障地位一样,有独立的心理健康保障运行体系,在总部、战区、军、师四级建有心理疾病防治中心,将心理医生配属至旅团。世界军事强国如美、英、俄、法等国军队的心理健康训练时间占比为:美军14%、英军13%、俄军12.8%、法军9%。

我军是中国共产党缔造和领导下的人民军队,历来重视官兵的身心健康和成长进步。革命战争年代,我军就强调官兵一致、军民一致、军政一致,加强军内外团结;实行政治民主、军事民主、经济民主,尊重官兵的主人翁地位,调动官兵积极性;广泛开展"两忆三查"活动、谈心活动、互助活动,把促进思想进步与保持心理健康结合起来,用真挚的官兵情、战友情帮助官兵,保持部队持续旺盛的战斗力,在促进官兵身心健康、巩固和提高部队战斗力上发挥了重要的作用。从20世纪50年代起,我军开始对官兵精神心理疾病问题进行研究,加强对军人精神疾病的治疗和预防。1999年,全军政治工作会议讨论形成的《关于改革开放和发展社会主义市场经济条件下军队思想政治建设若干问题的决定》明确提出,加强心理疏导和行为引导,开始组织新兵入伍和军校大学生入学心理选拔,把心理素质训练列入军事训练考核标准。2009年8月,我军在北京组织召开全军心理服务工作座谈会,深入研究部署加强部队心理服务工作。会议讨论形成的《关于加强新形势下军队心理服务工作的意见》,明确了心理服务的基本原则、任务内容、人才队伍、运行机制和组织领导。这次会议,是我军历史上第一次就加强心理服务工作召开的会议,对推动心理服务工作深入开展,促进部队建设科学发展具有重大而深远的意义,标志着我军心理服务工作进入一个新的发展阶段。

前言

习近平总书记高度重视我军心理工作,多次就维护官兵身心健康,锻造过硬心理素质做出重要指示,强调指出:"要注重部队心理工作,从基础建设抓起,提高科学化管理水平。"为贯彻落实习近平总书记重要指示精神,着眼培育有灵魂、有本事、有血性、有品德的新时代革命军人,巩固和提高战斗力,军委后勤保障部卫生局防疫处组织军内专家编写了这本《军人心理健康指南》读本。旨在针对新时代新要求,加强部队心理工作,为官兵提供全程全维的心理健康服务,提高官兵心理健康水平,促进部队科学管理和提升作战效能。

该书主要以军人心理健康"三维三阶"理论为基础,围绕军人心理健康素质培养、军人心理健康能力提升和军人心理健康状态调适三个方面进行阐述,具体分为18章。军人心理健康素质是以生理素质为基础,通过个体与军事社会环境相互作用而形成的相对稳定的、基础的、衍生的、综合的,表现为挫折耐受力的心理品质,主要有聪慧、忠诚、勇敢、自信和耐挫5个维度。军人心理健康能力是军人在军事作业环境下顺利应对生活事件并保持良好的心理健康状态所必备的心理特征,具有稳定性,主要包括应变力、抗压力、镇定力、适应力、身体力和合作力6个维度。军人心理健康能力在具体活动中体现,具有外显性和活动性,且在反复活动中得到内化、提升和训练;军人心理健康能力直接调控心理健康状态,具有功能性;同时也是心理健康素质调控个体心理健康的具体体现。军人心理健康状态是军人应对生活事件所呈现的躯体和心理症状,包括精神病性、抑郁状态、自杀倾向、创伤应激状态、睡眠问题、社交恐惧和反社会倾向7个维度,这些症状是相对短期内的外在表现,直接影响军事作业绩效,而军人心理健康状态评估的主要作用是量化危险程度,达到预警的目的。军人心理健康的"三维三阶"理论的实质是适应、平衡和发展三个阶段动静结合、不断进阶的过程,功能是"人-机-环"关系的和谐和军事作业效能最大化;心理健康素质是军人心理健康的内隐品质,心理健康能力是军人心理健康的调控能力;心理健康状态是军人心理健康的外显症状,心理健康素质、心理健康能力和心理健康状态,从内隐到外显、从静态到动态、从特质到发展,全方位对军人心理健康进行评价。

  本书由冯正直、王慧中任主编,负责全书章节、体例设计。李章红、李继会为副主编,夏凡为编委会秘书,完成收集稿件、组织会议、编写样章等工作,非常辛苦。全书分为三篇:军人心理健康素质培养、军人心理健康能力提升、军人心理健康状态调适。第一篇共5章,分别是聪慧、忠诚、勇敢、自信、耐挫。第二篇共6章,分别是应变力、抗压力、镇定力、适应力、身体力、合作力;第三篇共7章,分别是抑郁、失眠、社交焦虑、破坏性冲动、军事应激反应、负性认知、自杀。本书参与编写人员为:冯正直、王慧中、李章红、李继会、夏凡、张晶轩、薛奕童、李媛媛、苗宽、廖兴亚、熊珂、张小玲、徐慧敏、程晓彤、江文、王灵芝、杨卓娅、汤泉、胡丰、孙淑娟、赵翠霞、柳雪荣、王佳、许珂、张聪。

  虽然该书我们付出了艰辛的劳动,但是,仍然感到与官兵心理需要有差距,对接训练场、战场不够。希望广大基层官兵多提意见。

目录 CONTENTS

第一篇 军人心理健康素质培养 ……………………1

第一章 聪慧 ……………………………………5
第二章 忠诚 ……………………………………16
第三章 勇敢 ……………………………………23
第四章 自信 ……………………………………31
第五章 耐挫 ……………………………………43

第二篇 军人心理健康能力提升 ……………………55

第六章 应变力 …………………………………58
第七章 抗压力 …………………………………67
第八章 镇定力 …………………………………78
第九章 适应力 …………………………………86
第十章 身体力 …………………………………99
第十一章 合作力 ………………………………113

第三篇 军人心理健康状态调适 ·················· 125

第十二章 抑郁 ·················· 128

第十三章 失眠 ·················· 142

第十四章 社交焦虑 ·················· 153

第十五章 破坏性冲动 ·················· 164

第十六章 军事应激反应 ·················· 177

第十七章 负性认知 ·················· 188

第十八章 自杀 ·················· 199

参考文献 ·················· 209

第一篇

军人心理健康素质培养

本篇导读

　　军人心理健康素质是军人心理健康的重要组成部分,是军人心理健康能力的内化,是军人作战心理素质的核心,是战斗力的心理评价内容。根据军事职业的要求、青年官兵的心理特征,军人心理健康素质可以概括为以下五个方面:聪慧、忠诚、勇敢、自信和耐挫。

　　心理现象是客观事物作用于人的感觉器官,通过大脑活动而产生的。心理现象人皆有之,它是宇宙中最复杂的现象之一,恩格斯把它称为"地球上最美丽的花朵"。奥妙无穷的心理现象,一般可分为心理过程和个性心理两大类。心理过程是指人们在认识、对待客观事物时所表现的心理活动,依据心理活动的性质和形态,又分为认识过程、情感过程和意志过程,简称为知、情、意。其中认识过程是基本的心理过程,情感与意志是在认识的基础上产生的,同时又对认识有着影响和制约。认识过程包含感觉、知觉、记忆、想象、思维等感性认识和理性认识阶段。比如,一个新战士走进军营,看到欢迎的标语和队伍,听到首长热情洋溢的讲话,进饭堂吃上可口的饭菜,抚摸着新的被褥和床铺,这里的"看到""听到""闻到""品味到""触摸到",就分别是视觉、听觉、嗅觉、味觉、触觉,统称为感觉和知觉。火热的军营生活,使我们想起入伍前父母"到部队后好好干"的谆谆告诫,这就是记忆。展望在部队的发展,我们头脑里出现了立功受奖、胸戴大红花的情景,这就是想象。经过一段时间新兵连的集体生活,我们从领导和班长关心爱护新兵、战友之间亲密无间的一件件感人事例中,得出部队是一个温暖的大家庭的结论,这就是思维。人非草木,孰能无情。人们对客观事物的认识并不是"冷冰冰"、无动于衷的,常常会产生满意不满意、愉快不愉快等相应的态度和内心体验,这就是情感过程。如一位新战士,训练中班长手把手地教,病了战友端来病号饭,对生活在连队这个集体中感到很温馨、很快乐,当遇到训练成绩一时跟不上时又感到很苦恼,这些感情的流露就是情感的表现。意志过程是人自觉地确定目标、根据目标调节行动、通过克服困难去实现预定目标的心理过程。如一位新战士根据连队的要求和自己的实际制定努力的目标,在训练中勤学苦练,不断提高训练成绩,这就是意志的表现。认识过程、情感过程和意志过程,是人们认识世界、改造世界必然表现出的共同心理过程。认识过程、情感过程、意志过程三者不是彼此孤立进行,而是紧密联系、相互作用的。一方面,情感和意志在认知的基础上产生。如"知之深,爱之切"说明认识对情感的作用,"知识就是力量"则说明认识对意志的作用。另一方面,认识也受情感和意志的影响,积极的情感、进取的精神能推动人的认识活动。

个性心理是人与人心理活动差异的表现,包括个性倾向性、个性心理特征和自我意识。个性倾向性决定了一个人态度的积极性和选择性,包括需要、动机、兴趣、理想、信念、世界观,它是人进行活动的基本动力,制约着人的所有心理活动。如有的战士想学技术,有的战士希望考军校,有的战士对文艺活动感兴趣,有的战士对写作很爱好。这些不同的愿望和爱好,会引导他们循着各自的方向做出相应的努力,发挥自己的聪明才智。个性心理特征是指人们不同的能力、气质、性格,它是一个人稳定的、经常的心理特点。这些特征影响着个体的言行举止,反映出一个人的基本精神面貌和意识倾向,集中地体现了人的心理活动的独特性。如有的战士完成任务又快又好,有的则会困难重重,这是能力的不同;有的战士好激动、爱发脾气,有的很斯文、沉默寡言,这是气质的差异;有的战士心胸开阔、乐于助人,有的则心胸狭窄、对人冷淡,这是个人不同性格的表现。俗话说"人上一百,形形色色",说明了个性心理的多样化与复杂性。自我意识是指人对自己以及自己与周围事物关系的一种认识与态度,主要表现为自我认识、自我体验、自我控制。如我们在日常生活中说"我觉得我干事比较认真。""我是个急性子的人。""我认为我可以与别人合得来。"等,都是自我意识的产物与外在表露。

不同的心理现象、心理现象的各个方面并不是孤立的,而是互相联系、互相作用的。心理过程体现了人的心理活动共同的一面,个性心理是心理过程在每个具体的人身上的不同表现。没有心理过程,个性心理也就不能形成;已经形成的个性心理也会对认识、情感、意志产生影响,使每个人的心理过程具有各自的个性色彩。懂得了这些道理,我们在军人心理健康素质培养中,既要研究官兵的心理过程,按照官兵认识、情感、意志过程的规律进行教育训练,又要根据不同官兵的个性心理特点,因人施教,因人施训,一把钥匙开一把锁。

那军人心理健康的标准是什么呢?概括起来主要有七个方面:(1)智力中等以上,能满足学习军事技术的要求。(2)适应军事生活,对军事事件有良好的应变能力。(3)有正确的自我意识,奋斗目标切合部队实际。(4)意志坚定,行为果敢,有较好的自制能力。(5)情绪稳定,乐观开朗,有一定的抗挫能力。(6)人格健全,积极向上,精力充沛,心胸开阔。(7)热爱军事集体,乐于交往,善于合作。 为了达到以上标准,一方面可以通过军事职业适宜性选拔,选出适宜从事军事职业的人进入军队;另一方面,军人在服役期间通过部队的培养教育和训练,不断地进行自我修正和自我完善,从而培养军人的心理健康素质。

第一章 聪慧

> "没有文化的军队是愚蠢的军队,而愚蠢的军队是不能战胜敌人的。"
>
> ——毛泽东

挫折可以增长经验,经验能够丰富智慧,聪慧素质从我们出生开始就在不断积累和成长。在聪慧的形成过程中,它与遗传素质、早期生活环境、童年经验、学校教育等密不可分,但个体后天的努力是培塑和巩固聪慧素质的必经之路。军人的聪慧素质是完成各项军事任务、提高战斗力的关键。因此,不断提升军人的聪慧素质水平是未来面对复杂多变的战场环境、存续战斗力的基础。军人的聪慧素质由判断、决策和应变三个因素组成,体现在观察力、注意力、记忆力、思维力和想象力等方面。

一、什么是聪慧

提到聪慧,我们会想起什么呢？是遥想当年诸葛亮凭东风"草船借箭",还是红军长征"四渡赤水"巧妙突破国民党包围圈？从字面来看,"聪",指听见声音后内心能辨别其真假;慧,最早见于《说文》小篆,本义为聪明,有才智。聪慧,也称"聪惠",取其心思灵敏之意。在我国古代典籍中早有关于聪慧的记载,《世说新语》中提到"梁国杨氏之子九岁,甚聪慧";唐代杜甫的《忆幼子》诗中"别离惊节换,聪慧与谁论"也曾提到聪慧一词,均有对人赞美之意。在国外,心理学家雷蒙德·卡特尔认为,聪慧性是一项基本人格因素,反映个体

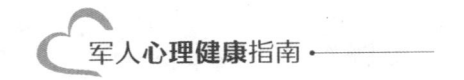

的才识、理解力、学习及抽象思考能力。

通常,我们也常用智力一词反映个体的聪慧水平,描述个体顺利完成某种活动所必需的综合能力,聪慧与个体的认知能力息息相关。认知能力是指人脑加工、储存和提取信息的能力,如感觉、知觉、注意、记忆和思维等。聪慧是军人心理素质结构中最基本的成分,包括判断、决策和应变三个因素,是军人在认知活动中表现出来的个体特征,直接影响军事作业绩效。

"兵熊熊一个,将熊熊一窝",我国古代就将聪慧作为军人尤其是军队领导者的第一要求,《孙子兵法》中讲到"将者,智、信、仁、勇、严也",其中智就是聪慧,是为将者的首要心理素质。其次,聪慧是影响战争胜负的重要因素。第一次世界大战期间,美国陆军为了适应军事武器更新的要求,研制了用于士兵团体智力选拔的测验,体现了军人的聪慧水平对战争的重要性。随着世界新军事革命的发展,当代科学技术向军事领域快速渗透,战争形式和作战样式都发生了巨大改变,高新技术武器迅速更新、战争形式多样,对军队的智能化提出了更高的要求。军队智能化对现代军人提出了更高的能力要求,其中聪慧这一素质显得尤为重要,唯有具备良好的聪慧素质才能有效学习和应用高技术武器和军事设备设施,才能正确判断和处置复杂战争事件,达成战争目标。如果缺乏聪慧素质,可能会在军事理论和实践学习中落下进度,影响军事行动节奏和效果,甚至影响整个军事行动。因此,为适应现代高科技战争模式,提升军人聪慧素质变得尤为重要。

二、聪慧是怎么形成的

从聪慧的概念我们可以得知,军人的聪慧素质主要表现为军人的认知能力,如感觉、注意、记忆等。因此聪慧的形成与认知能力的形成有着相似的过程,是遗传、环境、后天教育和社会实践等内外因素综合作用形成的,其中遗传是聪慧素质的基础,同时也为聪慧的发展提供了可能性,生活环境、学校教育和社会实践则把这种可能性变为聪慧发展的现实性。

(一)聪慧是先天遗传和后天教育的合金

1. 基因遗传

基因遗传是聪慧发展的生物前提。遗传是聪慧发展的基础和自然条件。在胎儿和婴儿期,个体遗传特性和吸收营养水平高低对于未来智力和聪慧的发展尤其重要。患有先天性遗传病如唐氏综合征的个体其聪慧程度就低于正常个体。可见,遗传决定了个体聪慧的基线水平。

2. 生活环境

"孟母三迁"的故事我们都耳熟能详,好的环境的确会对人的聪慧发展起到潜移默化的效果。在聪慧形成的早期阶段,生活环境会影响个体看待事物和处理问题的方式,问题解决很大程度上影响着个体聪慧素质的形成快慢。

3. 学校教育

聪慧并不是完全由遗传决定的,教育和教学对聪慧水平的发展起着主导作用。学校和老师的引导对个体的聪慧形成起着指引和塑造的作用,学校时期学会的间接经验会影响个体后期聪慧的形成和改变。

4. 早期经历和经验积累

个体的童年经验和生活经历是影响聪慧素质形成的重要因素,在外界环境和压力的作用下,一些个体很早就开始积累聪慧所需要的元素,如生活在海边的人通常很早就学会了游泳,同时也掌握了很多天气常识和海上生存技能,而这是许多生活在内陆的人需要后天专门学习的。

5. 主观努力

聪慧素质的先天遗传和后天环境养成是非常重要的,但也不能忽视个体后天的努力以形成聪慧潜能。"伤仲永"的故事告诉我们只有天赋但不加努力只能徒留惋惜,"闻鸡起舞""头悬梁锥刺股"等都是在讲述个体通过后天的努力不断成长的故事。

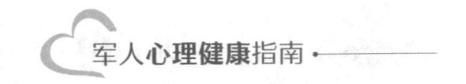

(二)聪慧的五个要素

军人聪慧水平的高低主要由五个要素水平决定。

1.观察力

观察力是指大脑对事物的观察能力,如通过观察发现新奇的事物、学习新的技能等,在观察过程中对声音、气味、温度等有一个新的认识,并通过对现象的观察,提高对事物本质认识的能力。我们每个人从外界接触到的信息十之八九都是通过视觉和听觉通道传入大脑,通过观察获得的,因此观察力是聪慧素质的基础。

2.注意力

注意力是指人的心理活动指向和集中于某种事物的能力。如我们有些战士能全神贯注地长时间学习和训练,而对其他无关活动的关注很少,这就是注意力强的体现。

3.记忆力

记忆力是识记、保持、再认和重现客观事物所反映的内容和经验的能力。例如见过的人再见时我们会觉得熟悉,学会了骑自行车即使很久不骑我们也不会忘记,这就是人的记忆在起作用。

4.思维力

思维力是人脑对客观事物间接的、概括的反映能力。当人们在学会观察事物之后,他逐渐会把各种不同的物品、事件、经验分类归纳,不同的类型都能通过思维进行概括,例如我们学会了步枪射击,在学习手枪射击时就能融会贯通,举一反三,减少学习时间。思维力是聪慧素质的核心。

5.想象力

想象力是人在已有形象的基础上,在头脑中创造出新形象的能力。比如我们在进行军事项目的理论学习时,会想象真实训练的样子以加深理解。想象一般是在掌握一定的知识基础上完成的。

三、如何增强聪慧素质

现代战争条件对军人聪慧素质的需求显著增加,作为一名军人,应该加强训练和提高自己的聪慧素质。

(一)增强观察力

观察力是聪慧素质的基础,好的观察力就是在最短的时间内,在同等视觉条件下可以注意到更多的有效信息,我们可以通过持续的学习和锻炼来提升观察力水平。

1.明确目标

明确的目的和任务对观察活动具有指导和管理作用,使我们有的放矢,克服无关事情的干扰,朝着既定目标前行,从而获得比较清晰而完整的知觉。

2.专注思考

当人们很专注地去做某件事情,他们就会集中精力去思考,当人很专注地思考,就会掌握事情中的一些细节和规律。因此,我们观察时要认真细致,绝不放过任何一个细节,绝不可马马虎虎,因为每个细节、每个片段都是事物变化发展的重要组成部分。

3.主动联系

仅凭感官得到的材料是肤浅的、零散的和片面的,这就需要开动脑筋,积极思维,把观察的每个细节、每个片段、每个过程、前后左右,都用思维联系起来,这样才能得到反映事物本质的材料。

(二)增强注意力

资源有限理论认为人的注意资源是有限的,如果同时从事几种活动就会涉及资源分配的问题,其分配的基本原则为"总量不变,此多彼少",因此当我们在完成一项工作时,如果周围存在很多干扰,就会分散我们的注意力,从而降低工作效率。那我们如何更好地集中自己的注意力呢?

1. 养成规律作息

研究表明,注意力下降最主要的原因是缺乏休息,如果休息不好,注意力就会分散。因此,该休息的时候就得好好休息,调整自己的作息时间,这是提高注意力的关键。当然睡太多也不好,比如周末过度睡眠会打乱我们的作息,反而使我们更加懒散,因此即使是周末我们也要保证正常的作息。

2. 提前做好计划

做事情之前先想好今天要完成什么,如果漫无目的,你很容易就会在一些无关活动上花费过多时间,容易胡思乱想,最后一件事情都完成不了。因此做事前要先在脑中做好计划,利用中间休息的5~10分钟来处理无关信息,当然计划时,也一定要给自己留有娱乐和休息的时间,注意劳逸结合。

3. 创造不易受干扰的环境

外界干扰是我们注意力分散的一个主要原因,那么我们要尽量远离那些会让自己分心的事情或环境。比如,手机会分散注意力,那我们在工作时应将手机设置为静音,或仅打开重要消息的提醒。

4. 冥想

冥想有助于提高注意力,因为注意力集中是冥想的基础。每天给自己留一段冥想的时间(比如睡前),让自己练习提高注意力的技巧。

(三)增强记忆力

记忆力根据持续时间可以分为短时记忆(也称工作记忆)和长时记忆,我们的短时记忆容量是非常有限的,仅能够处理7±2条基本信息,而长时记忆则是无限的,在日常生活和学习中,我们将短时记忆用于处理信息,并将习得的信息储存在长时记忆中,这样在遇到类似情境时我们就会自动从长时记忆中提取信息。所以,记忆力增强的过程就是将短时记忆转化为长时记忆的过程。那我们如何更好地将自己的短时记忆转化为长时记忆呢?

1. 熟能生巧

研究发现,当信息存储在长时记忆后,如果反复利用就会形成自动化,小时候上学每天反复背诵的课文、公式等直到现在都能信手拈来,就像九九乘法表我们一辈子也不会忘记,之所以会这样,除了小时候记忆力比较好之外,另一个重要的原因就是熟能生巧。所以如果我们想要更好地掌握某一军事项目或技能就要反复训练,反复理解,反复强化,从而达到熟能生巧的效果。另外,艾宾浩斯的遗忘曲线指出我们遗忘的速度是先快后慢,对刚学过的知识,趁热打铁,及时温习巩固,是强化记忆痕迹、防止遗忘的有效手段。

2. 养成良好的记笔记和写日记的习惯

好记性不如烂笔头,英国苏塞克斯大学的神经科学专家表示,随身备个笔记本,每天上床前写好明天要做的事情,并按重要程度分为"必要"、"重要"和"不重要"三个等级。按照优先权每做完一项就划掉一项,这样会大大提高处理工作的能力。另外,写日记也是一种提高记忆力的好方法。想要对一件事物加深记忆,很多时候需要以各种方式重温日常事件或生活中重要的细节,而写日记就可以帮助我们有效回忆一天中发生的事情或者学习的知识,从而加深印象。

3. 保持充足的睡眠

研究发现,大脑记忆储存的物理过程依赖于睡眠。我们醒着的时候大脑总是被不间断的信息轰炸,而睡着的时候大脑可以摆脱没用的信息并重复记忆重要的事情。大脑会在睡觉时把信息强化为长期记忆,如果一直醒着不睡觉,转化就无法完成。因此,晚上睡个好觉,对于增加记忆力很重要,每天晚上不要熬夜,要让大脑适当地休息。

4. 经常锻炼身体

美国伊利诺伊州立大学的研究人员表示,跑步能促进脑细胞的再生,延缓记忆力的下降速度。运动专家建议跑步采取"间隔训练"方式,即先快跑30秒,再慢跑90秒,并重复6个周期。每周坚持做2次。

(四)增强思维力

思维力也称思考力,包括理解力、分析力、整合力、比较力、概括力、抽象力、推理力、论证力、判断力、心算力等，它是聪慧素质的核心，参与、支配着一切智力活动。我们每个人的学习、工作和生活都离不开思维力，有了思维力，才有了理解性记忆，才有了举一反三的能力，才有了高效处理问题的能力。那么如何增强我们的思维力呢？

1. 学会独处，为思考做好准备

思考需要宁静的处所和精心的孕育。静一方面是环境的安静，另一方面是内心的安静，也就是要学会独处。缺乏独处能力的人，归根结底还是缺乏思考的内在需求，当你有了思考的需求时，你也就会学着独处、享受独处。所以，无论是思考，还是学习，先学会给自己创造独处的空间和时间。

2. 不断输入，为思考提供基础

对于我们的大脑而言，学习等于输入和存储，而思考等于整合和输出。没有学习，思考就没有着力点；没有思考，知识仅仅只是知识。所以，我们需要在思考中不断地接纳各种输入，包括读书、自己的实践以及与他人的交流等，然后再思考，再接纳输入，直到最后洞察本质，而这个过程正是锻炼思维能力的过程。

3. 避免不合理的思维模式

比如：①"非黑即白"的思维模式。世界上的事情，大多具有复杂性、多面性，并非简单的对错好坏。比如当别人提出和你观点相左的看法时，首先注意控制好你的情绪，让自己冷静下来（要做到这一点还是有难度的），仔细聆听别人的观点和见解，看看他们在说些什么，他们为什么要这么说，他们说得对吗？而不是马上反对或指责。②只凭自己感受判断事情的思维模式。我们大部分人都会凭感觉（表面的思考）说话或做事，而往往没有进一步思考和分析的意识，只有当出现问题的时候，才会仔细地思考一下（很多时候，出现问题了，也只是片面地去思考）。特别是当处在情绪中时，人的头脑容易发热，很难清晰、理性地思考。因此，我们要打破自己不合理的思维模式，对事情进行理性、认真的思考。

4.让思考可视化

思考虽然是实际存在的东西,但也是虚无缥缈的东西。所以要学会思考,就要学会把思考可视化,"写作"就是让思考可视化的一种有效方法。比如我们读书的时候可以做批注,可以写读书笔记,将书本里的知识转化为自己思考的内容。

(五)增强想象力

想象力是创新活动的基础和先导,只有张开想象的翅膀,才能更好地发掘大脑某些方面的潜能。正如爱因斯坦所说:"想象力比知识更重要。因为知识是有限的,而想象力包括世界上的一切,推动着进步,并且是知识进化的源泉。"黑格尔也曾说道:"如果谈到本领,最杰出的艺术本领就是想象。"那么我们该如何提高自己的想象力呢?

1.扩大知识面,丰富知识经验

丰富的想象力是以丰富的知识和经验为基础的,也是以记忆为基础的。而一切科学的创造、技术上的革新和艺术上的创作,都是在丰富的知识经验基础上,通过创造性想象而获得的。一个人知识、经验、信息储备的多少,对于想象的广度和深度有着重要的影响,但这并不意味着想象力与知识经验成正比。缺乏独立思考、满足已有知识的人,将压抑自己的想象力。

2.保持好奇心,多问为什么

好奇心是发挥想象力的起点,因此要提倡科学的怀疑精神。遇事多问几个"为什么",使自己大脑的想象功能在思考中升腾。而要使大脑的想象奔驰起来,还要保持丰富的情感,情感可以刺激想象;悲观失望的情绪不能使大脑高度兴奋和活跃起来,这时想象力自然也不会高度发挥出来。

3.在实践中观察,在观察中想象

当我们想象某个事物时,就得捕捉该事物与头脑中经历过的事物之间的关联,而大脑对事物特征的获得首先得靠观察。因此,观察力的提高对想象力培养的重要性就不言而喻了。

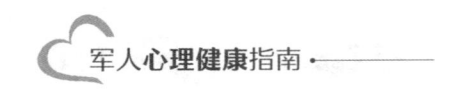

4. 培养多种爱好，丰富日常生活

广泛的兴趣和多方面的爱好可以使我们思路开阔，想象也就有了广阔的天地。大千世界是复杂多样且彼此相关的，具有多方面的爱好和广泛的兴趣，可使各种知识互相补充、启发。

四、聪慧素质的自我评估

军人聪慧量表

亲爱的战友：

请认真阅读每句话，然后根据该句话与您的实际情况相符合的程度，在您认为最符合的数字上画"√"。数字代表的意思如下：1—非常不符合，2—比较不符合，3—不确定，4—比较符合，5—非常符合。

每个题只能选一个答案。除非您认为其他4个选项都确实不符合您的想法，否则请尽量不要选择"不确定"。

本测验没有时间限制，但对测试题不必过多考虑，如实作答就可以了。

请务必回答每个问题，不要有遗漏。

条目	等级				
1.我喜欢观察或提问	1	2	3	4	5
2.我做事情往往能举一反三	1	2	3	4	5
3.我常能看出事情的发展趋势	1	2	3	4	5
4.我善于运用所学的知识去解决生活中的实际问题	1	2	3	4	5
5.我总是先收集大量信息后才做决定	1	2	3	4	5
6.我喜欢寻找多种解决问题的办法	1	2	3	4	5
7.在做决定前，我会认真考虑各种方案的可行性	1	2	3	4	5
8.我喜欢从不同角度去分析问题	1	2	3	4	5
9.处理问题时，我习惯先提出多种解决方法，再选择最佳方案	1	2	3	4	5
10.我总能依据现有情况做出正确判断	1	2	3	4	5
11.我觉得自己处理问题的能力比同龄人要强一些	1	2	3	4	5

续表

条目	等级				
12.我会主动去检验所做决定的正误和优劣	1	2	3	4	5
13.我习惯从多方面去评价人或事	1	2	3	4	5
14.遇到难题时,我总能从容应对	1	2	3	4	5
15.当决策在实施过程中出现问题,我会及时修正和调整	1	2	3	4	5

【结果说明】

1.该量表把聪慧分为判断、应变、决策三个因子,其中判断因子包括1、3、8、10、13共5个条目,反映个体对事物特性或事物间关联的认知能力;应变因子包括2、4、6、11、14共5个条目,反映个体在压力情境下,思考和解决问题的速度和灵活度;决策因子包括5、7、9、12、15共5个条目,反映个体快速解决问题,大胆做出决定的能力。总分越高,表明个体的聪慧水平越高。

2.军人聪慧量表评分等级。

等级	量表得分
高	＞59
中	31—59
低	＜31

第二章 忠诚

"人生自古谁无死,留取丹心照汗青。"

——文天祥

忠诚是关乎每一位军人、每一支军队、每一个国家生死存亡的大事,是军队战斗力生成的重要因素。华夏文明历朝历代无不是以忠诚为言行之标和执政之纲。古有苏武为守气节而忠、岳飞为守臣纲而忠、文天祥为守尊严而忠,今有董存瑞舍身炸碉堡、黄继光奋勇堵枪眼、李向群誓死捍卫堤坝。如果将信仰比作是精神上的钙,那么忠诚就是促进钙吸收的吸收剂。就像是人体光有钙是不够的,还得要能吸收钙,这样才能使骨骼有力量,如果人体不能吸收钙,那么时间久了依旧会出现问题。有研究发现,心理承受能力强的军人其忠诚度高;人际交往中,具有积极认知、情感、行为的军人,忠诚度高。当代军人应该将忠诚融入血液、刻入骨髓、注入灵魂。军人的脚下是前线,身后是祖国,宁可向前一步死,绝不后退半步生。

一、什么是忠诚

"忠"字最早见于战国,本义为尽心竭力,后引申为"忠心不二"。"诚"字源于《说文解字》:本义为"诚然",后引申为"真心"。"忠诚"作为一个概念,最早出现于《荀子·尧问》。早在春秋战国时期,忠诚已成为一种比较普遍的社会道德。孔子一直将忠诚视作待人的基本原则,即实事求是做人,诚心诚意做事。英国诗人雪莱说"在任何生命中,忠诚都是贯穿其中的主线"。美国作家埃勒里说"忠诚的高尚和可敬,无与伦比"。法国小说家左拉说"忠诚是通向荣誉之路"。

军人的忠诚是军人心理健康的核心素质,忠诚反映了军人个人利益价值与国家利益价值的一致性和协调性。军人的忠诚不仅包含了军人对于国防安全政策的态度,也包含了个人参与国防系统中的行为倾向。高忠诚的军人,具有献身国防的强烈意愿以及对服务于军队100%的赞同。因此,军人的忠诚应该被定义为一种综合了态度和行为双重含义的复杂概念。

忠诚胜于能力。如果量化评估军人的价值,则"忠诚"不同于其他任何要素,对忠诚的量化或许不宜使用具体的数字,而更应该作为整个价值数据前的"+"或"-"号。失去了忠诚这个前提,能力越大,危害越大!军人的忠诚必须是绝对的忠诚,必须始终以人民利益为重,为了军队和国家的利益,不惜牺牲自己的利益甚至是生命,而决不能以个人利益得失调整忠诚尺度。坚决执行"受命之日,则忘其家;临阵之时,则忘其亲;临鼓之时,则忘其身"。

二、忠诚是如何形成的

狼族最可贵的品质是忠诚,忠诚使狼族个体之间相互信任,从而形成了一股巨大的凝聚力,使之无往不胜。作为虎狼之师的军队,忠诚无疑是军人的首要品质,那么忠诚是如何形成的呢?主要有以下几个方面。

(一)忠诚源自信仰与认同

忠诚是根植于灵魂深处的一种秉性和追求,既需要涵养锤炼,也需要执着坚守。军人的忠诚来源于军人对军队目标和使命的坚定信仰和认同。信仰就是人们对某种思想的信奉和敬仰,并把它奉为自己的行为准则,即"实践其所信,励行其所知"。如果军人在信仰上做不到绝对忠诚,即便口头上能够讲服从,行动上能够听指挥,但一遇到风浪考验和利益诱惑的时候,就会暴露出问题,有的在忠诚度上打折扣,还有个别的暴露出"两面人"的真面目,只有军人有信仰,军队才会有力量,国家才会有希望。另外,认同是人们在社会政

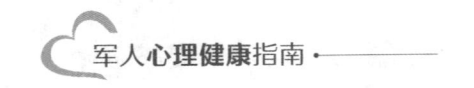

治生活中产生的一种感情和意识上的归属感。具体表现为政治认同、利益认同和价值认同。其中政治认同是前提,随后表现为利益认同,最后表现为价值认同,只有达到价值认同后,军人才会对军队的规章制度发自内心地接受和服从。军令之中有服从,利益之外有大局。

(二)忠诚是一种态度

忠诚是军人绝不叛离部队,誓死保卫祖国的态度,而态度又受情感、认知、行为三个因素的影响。这三个因素在忠诚的形成过程中相辅相成,其中情感的特点是反应迅速,过程漫长(例如,军人进入一个新环境会迅速产生喜怒哀乐的情绪,但要形成持久稳定的情感却非常缓慢);而认知和行为的特点是反应缓慢,过程短暂(例如,军人入伍或退伍时,认知和行为的变化快,情感的变化慢)。军人的忠诚不是天生的,而是在后天实践中对部队情感的不断积累和强化形成的。日常生活中一些负性、落后的态度会阻碍忠诚的形成与发展,在面对这些负面态度时,军人应该敢于摒弃老好人思想,敢于较真碰硬,敢于与任何有损军队形象、有损党的事业、有损国家发展的言行做坚决斗争。

(三)忠诚的最终体现是行为

忠不忠,看行动;诚不诚,看过程。忠诚的形成,是情感、认知、行为相互作用、协调发展的结果。忠诚品质的形成过程,一般要经历依从(认识升华)、认同(情感历练)、内化(行为趋同)三个阶段。军人在长期的军队生活中会通过切身体验形成价值取向,进而升华为情感认同、认知认同、行为认同,所以忠诚最终体现在行为上。行为是检验军人忠诚与否的根本标尺。衡量一名军人是不是真忠诚,不仅要看怎么说,关键要看怎么做。个别军人表态多调门高,就是不扑下身子干实事,在棘手问题面前"耍滑头",在矛盾困难面前"绕道走",这些行为严重降低了忠诚品质。但是,大多数军人在面对恶劣环境、面对人们不解、面对金钱诱惑、面对亲情牵挂时,仍然能坚守岗位,以家为国,以国为家,以身作则诠释出一个道理:生命有刻度,忠诚有硬度,熔铸忠诚的生命纵死犹生,敢于拿生命践行的忠诚才能如铁似钢、靠得住。

三、如何增强忠诚素质

严格的训练、苦累的磨砺、急难险重任务的考验是和平时期培养忠诚的"磨刀石",也是检验忠诚的"试金石"。面对万难,有人选择退缩,有人选择坚守。那么,如何才能提高军人的忠诚品质呢?主要有以下几个方法。

(一)坚定信仰,升华认同

日常生活中,文化潜移默化地影响着军人的信仰和认知。军人对党的忠诚,应该是绝对的忠诚,即唯一的、彻底的、无条件的、不掺任何杂质的、没有任何水分的忠诚。如何做到绝对忠诚?首先,应该积极开展军魂教育,培养军人高官厚禄撼不动,金钱美色拉不走的忠诚信仰。其次,还应提升忠诚信仰的"三度"。第一个是"纯度",即要求军人坚定信仰、言行一致;第二个是"热度",即要求军人对自身严要求、动真格,当战友有不忠诚的表现时,也敢于批评帮助;第三个是"恒度",即避免受教育时激情澎湃,过一阵子又依然故我,经不起政治风浪、艰苦环境、权钱美色的诱惑和考验。此外,新兵入伍动机多样,许多新兵是受亲朋好友、影视宣传等影响,带着对部队理想化的设想进入军营,他们把自己的事业和前途委托给军队,其内心对军队有很高的期望,当个人期望与军队实际现状不一致时,就会降低军人的忠诚度,所以在新兵刚入伍时,应该给军人呈现真实的军队信息,比如观看军队纪录片,积极引导讨论交流。最后,新兵多是在宽松、协商的地方环境中长大,面对纪律严明、强调集体主义的部队管理方式,内心容易产生不认同,这就需要组织军事职业教育,进行团队认同辅导,从而引导新兵认同军营生活,使其个性服从于党性。

(二)增进情感联结

忠诚的提升,靠情感的召唤,情感的助推是促使官兵深入思考忠诚的"催化剂"。情感召唤具有时间短,见效快的优势。

首先,领导应该在新兵入伍时就要特别注重其感情培养。例如帮助下属解决个人问题,积极发挥部队帮助新兵"吃好每一顿饭""洗好每一个澡"的优良传统。作为领导,还应该杜绝"忽悠"官兵,不要轻易承诺,但承诺了就要言

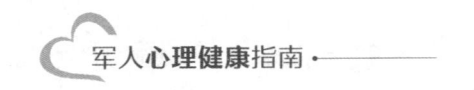

出必行。对下属官兵实事求是、就事论事,不凭个人喜恶做决断。

其次,艰苦的实战训练也可以历练军人的情感,实现从"不情愿→服从→献身"的转变。例如冬令寒区训练、体育训练、冒险训练等可以培育官兵"效忠国家的思想、为国捐躯的精神,进而坚守军队的忠诚品质"。《战国策赵策一》有"士为知己者死"这种说法,所以在实战训练中,基层干部要与官兵同吃同住同聊天,倾听官兵的心声,让官兵感到被理解、被关怀、被重视,这样才会让官兵更加珍惜与上级之间的感情。

此外,由于军事生活的艰苦性,社会和家庭对军人的支持也通过情感影响着军人的忠诚度。研究发现,由于社会和家庭的支持,从事军事职业的人员会表现出更高的忠诚度,所以在氛围严肃的授奖仪式上邀请家属参加,可以增加军人及家属的荣誉感,进而提升军人的忠诚度。例如,日本自卫队有许多外围团体,其利用节假日到部队慰问、召开座谈会、联谊会。匈牙利军队每年"母亲节"把军事训练优秀分子的母亲邀请到部队,在隆重的大会上,让优秀军人和母亲一起度过这一天。在以色列新兵入伍前必须参观耶路撒冷的"哭墙"和大屠杀历史纪念馆。

(三)强化忠诚行为

忠诚既是神圣的,又是具体的,它是人们用具体行动做出的最有力证明、用生活点滴折射出的最基本品质。"大事难事看担当,顺境逆境看襟怀",在部队里时时处处、一言一行都是对忠诚的严肃检验。忠诚不能成为一句空洞的口号,必须落实在行动上。

首先,每一位军人都应该当好军队的宣传者,深入宣传造势,积极传递正面声音,为军队积聚正能量。每一位军人都应该当好军队的践行者,落实"守土有责、守土负责、守土尽责"的担当,严格遵守政治纪律、组织纪律、保密纪律。领导干部还要当好军队的"定盘星",带头戒除浮躁,带头锤炼忠诚,在位一分钟干好六十秒,带领官兵打好"组合拳",赢得"团体赛"。

其次,军队的使命,往往是生与死的抉择,是血与火的洗礼,执行重大任务既是对官兵忠诚的现实考验,也是强化忠诚行为的良好时机。在执行重大任务之前以及过程中开展宣誓活动,宣誓内容上要结合"请党放心!""请祖国放心!""请人民放心!"的语句。在重大任务执行结束后,帮助官兵回顾自己实际的行为和表现,积极肯定官兵们的表现,肯定他们对军人身份的态度,肯定他们对军队的忠诚,继而鼓励他们不断发扬和深化忠诚精神。

此外,法律可以规范人的行为,将军人忠诚由道德义务上升为法律义务具有正当性、可行性,并能弥补道德义务的不可靠性、脆弱性等缺点。美军先后制定、颁布了一系列法律、法规、条令以规范军人行为,如美国《军事司法统一法典》包含了对擅离职守、违抗命令、对军官不尊重、敌前行动不良等51种违纪犯罪行为进行惩处的条款。该法典规定了14种可判处当事人死刑的情形,如企图伤害和故意违抗首长、兵变叛乱、敌前辱职、胁迫警卫、资敌间谍以及谋杀,等等。《中华人民共和国刑法》也对军人违反忠诚义务设置了一系列罪名,比如煽动军人逃离部队罪,战时拒绝、逃避征召、军事训练罪以及战时造谣扰乱军心罪等。

最后,良好的工作环境以及物质保障,能够使军人一直处于积极向上的状态,有利于增强部队的凝聚力和提升军人的忠诚度。研究发现,工资、福利待遇高的军人,其忠诚度高,所以各国军队都非常重视物质激励。例如,法国军官的工资比地方同级公务员高25%,并享受10多种补贴,有的军官享受的补贴高于其月薪的50%,且所有补贴都不交所得税,同时法军还有免费医疗、租住私房补贴、飞机和火车票减价等福利待遇。

四、忠诚素质的自我评估

军人忠诚度量表

亲爱的战友:

请认真阅读每句话,然后根据该句话与您的实际情况相符合的程度,在您认为最符合的数字上画"√"。数字代表的意思如下:1—非常不符合,2—比较不符合,3—不确定,4—比较符合,5—非常符合。

每个题只能选一个答案。除非您认为其他4个选项都确实不符合您的想法,否则请尽量不要选择"不确定"。

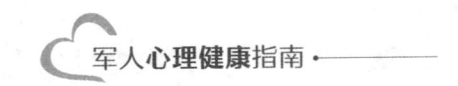

本测验没有时间限制,但对测试题不必过多考虑,如实作答就可以了。

请务必回答每个问题,不要有遗漏。

条目	等级				
1.我为我是中国人而感到自豪	1	2	3	4	5
2.我是一个很有责任感的人	1	2	3	4	5
3.遇事我总喜欢谦让他人	1	2	3	4	5
4.我很关注国家的发展形势、时事政策和一些社会问题	1	2	3	4	5
5.当同事、朋友向我请教时,我总是精心准备,认真回答	1	2	3	4	5
6.遇到募捐活动,我常常推托不去	1	2	3	4	5
7.我愿意为社会做出贡献	1	2	3	4	5
8.我总是严格按计划如期完成任务	1	2	3	4	5
9.在生活中,我经常帮助别人	1	2	3	4	5
10.我的努力对国防建设而言微不足道,所以做不做都一样	1	2	3	4	5
11.我认为国家兴旺,匹夫有责	1	2	3	4	5
12.我是自愿报名参军	1	2	3	4	5
13.每当升国旗、奏国歌时,我都感到很神圣	1	2	3	4	5
14.当我在工作中出现失误时,我会勇敢地承担责任	1	2	3	4	5
15.我愿意付出额外努力,以协助集体完成工作	1	2	3	4	5
16.我很尊敬那些战斗英雄、革命领袖和爱国志士	1	2	3	4	5
17.每次进行军事训练,我总是敷衍了事	1	2	3	4	5
18.如有机会,我会主动参加无偿献血	1	2	3	4	5

【结果说明】

该量表把忠诚分为爱国、奉献、责任三个因子,反映个体的个性心理倾向。其中,爱国因子包括1、4、7、10、13、16共6个条目,反映个体对祖国的热爱程度。奉献因子包括2、5、8、11、14、17共6个条目,反映个体自愿为社会和他人提供服务帮助的程度。责任因子包括3、6、9、12、15、18共6个条目,反映个体对应尽义务和责任的认识以及相应的情感体验。总分越高,表明个体的忠诚水平越高。

第三章 勇敢

> "捐躯赴国难,视死忽如归。"
>
> ——曹植

平庸的生命再长也是短促的,而英雄的生命再短也是永生的。军人从事的是一份极具英雄主义色彩的职业,该职业最大的特点就是勇敢,必要的情况下,可以为服从命令放弃自己的各种利益甚至生命。勇敢历来与战争胜负息息相关。为什么我们的"小米加步枪"可以打垮"武装到牙齿的敌人",依靠的不是武器,而是军人的勇敢。一个国家和民族要走向强大、复兴,就必然会有人付出牺牲,昨天如此,今天如此,明天也将如此。即使身处和平时期,也决不能把兵带娇气了,威武之师还得威武。战场上的每一位军人都应该具备杀气、虎气和"舍我其谁"的霸气!那么你是一位勇敢的军人吗?通过学习这章的内容,会让军人深入了解到勇敢的形成过程,从而提升军人的勇敢品质,增强作战能力。

一、什么是勇敢

"勇"字最早见于金文,最初表示一个有口的容器,并衍生出使用、施行的含义。《新华大辞典》对"勇"的解释为胆大,敢于向前,"敢"的解释是"有勇气,有胆量"。勇敢的功能可归纳为社会和个体两个层面。社会层面表现为对国家主权和社会秩序的影响,正向功能是维护国家安全、促进治军御敌,负向功能是危害社会安定、破坏礼仪秩序。在个体层面,勇敢能产生优化人格、推动创新的积极影响。相反,不恰当的勇敢对个体具有消极作用,如"勇于敢则杀,勇于不敢则活"(《老子·道德经》),过于勇猛可能会使个体招致杀身之祸。

军人的勇敢不同于我们通常所说的胆大,胆大并不等于勇敢。军人的勇敢是指军人在面对困难和危险时,不畏惧、果敢和顽强。世界军事强国都把勇敢视为军人的核心品质。我军也提出培养"有血性"的新一代革命军人,培养官兵大无畏的英雄气概和英勇顽强的战斗作风。

勇敢潜藏在每一位军人的心里,只是有的人藏得浅一点,有的人藏得深一点。军人在"勇敢"这一素质上,并不比老百姓具有更多的先天优势。也就是说,勇敢的军人不是挑选出来的,而是部队这一特殊环境锻造出来的。战胜恐惧、战胜死亡、战胜敌人,我们的军队才能创造奇迹。只要党旗所向,必定披坚执锐、一往无前;只要军旗所指,必定前仆后继、所向披靡;只要民心所盼,必定赴汤蹈火、在所不辞。

二、勇敢是如何形成的

研究发现,勇敢受先天遗传的影响,例如有些人一出生胆子就大,表现出高于普通人的无所畏惧;另有研究发现,勇敢又受后天训练的影响,例如对于从事高风险职业者,其专业素养越扎实越可能表现出更多的勇敢行为。总的来说,勇敢素质受先天、后天两者的共同影响。

(一)勇敢是对恐惧情绪的克服

一个人如果害怕,还能勇敢吗?人只有在害怕的时候才会变勇敢。恐惧是人之常情,比如有人怕鬼,有人怕疼,有人怕当众说话,诸如此类,多不胜数。同时,恐惧也是很正常的,它是生物对危险的预警,因为人脑中有一个神经区域,这个区域叫作杏仁核,它可以感知人的恐惧。不同的人,其杏仁核对恐惧的敏感度不同,有的人很敏感,从而感受到高水平的恐惧,容易表现出不勇敢。相反,有的人不敏感,从而感受到低水平的恐惧,容易表现出勇敢。但是,勇敢并不是你面对一个你本来恐惧的东西时,你不怕了,而是即使你再害怕,你也会去面对它,战胜它。

研究发现,积极的心态以及良好的心理抗压能力有助于个体克服恐惧情绪产生勇敢。通常情况下,军人的勇敢表现在面对牺牲或负伤的危险/威胁时,依然能够克服恐惧,坚持不懈地完成任务和使命。战场环境常常将军人置于高度恐惧的状态中,正因为战场条件性恐惧的形成,经历过战争的军人罹患创伤后应激障碍的比率较高。因此,提升军人勇敢素质的过程即为战场恐惧消退的过程。曾经有一个特种兵的训练科目就是在狙击训练时,把一条真蛇放在狙击手的前面,训练狙击手在有蛇环绕的地方进行狙击科目训练。虽然恐惧,但仍要在该情境中继续调整身心状态、克服恐惧完成狙击任务。在多次的脱敏训练后,狙击手便能克服对蛇的恐惧,从而勇敢地完成任务。

(二)勇敢是认知评估的结果

个体都具有与生俱来的自我保护机制,当遇到会威胁自身生命安全的事物时,通常情况下,机体会本能地激活"战斗－逃跑"系统。起初,个体会评估潜在的成本和收益,如果评估后认为潜在的收益高于成本,人们便会以战斗的姿态迎难而上,从而表现出勇敢。相反,如果评估后认为潜在的成本高于收益,人们便会逃离危险,从而表现出不勇敢。但是,当面临一些紧急情况需要立即采取行动,而来不及反应和评估时,是否勇敢,则依赖于人们习惯性的行为,对于训练有素的军人,即便潜在的成本高于收益,他还是会毫不犹豫地采取行动,表现出"明知山有虎,偏向虎山行"的勇敢。

(三)勇敢是社会鼓励和赞扬的强化

语言是带情绪的,能给人以温暖,也能给人带来伤害。勇敢就是其他人针对"某人对某事的态度"的评价。例如,你被一只泰迪狗追着跑,别人就会说你不勇敢。但是,如果你追着泰森搏斗,别人就会说你勇敢。人类行为学家约翰·杜威曾说:"人类本质里最深远的驱策力就是希望具有重要性,希望被赞美。"即个体有渴望被尊重、渴望被认可的精神需求,一旦这种需求被满足,人们就会充满动力,不断强化自己被人赞美的这种行为。此外,心理学上有一种"皮格马利翁效应",这种效应说的是:鼓励、赞美和信任具有一种神奇

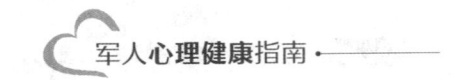

的能量,它能改变人的行为。当一个人获得外界的赞美时,他便感觉获得了社会支持,从而增强了自我价值,进而变得积极向上,竭尽全力来达到对方的期待。

三、如何增强勇敢素质

勇敢、不怕死,是军人最基本的素质。军队是要打仗的,打仗就会有流血牺牲。如果不敢面对死亡,看到流血就打哆嗦,就不配做军人。军人要像老虎一样勇敢,宁可选择战死,也不选择饿死,不管面对多大的困难,都要毫不退缩,勇往直前。那么如何提高军人的勇敢品质呢?主要有以下几个方法。

(一)恐惧消退训练

真正的战场不是训练场,也不是比赛场。弹片横飞、硝烟弥漫,身边受伤战友的惨状都会影响到战士的心理。如果没有良好的抗压能力,极易产生情绪的崩溃,从而忘记曾经训练过无数遍的战术动作,甚至还可能做出一些过激行为。

美军是地球上经历战争最多的部队,美军对士兵的心理抗压训练非常重视。《全金属外壳》中的新兵教官就在用美军独特的大吼大叫来刺激新兵,这就是最简单的抗压训练。除了教官们的语言刺激,美军还为士兵们准备了专门的模拟战场环境,当士兵们在穿越充满烂泥和动物内脏的障碍场地时,教官们还会向泥潭中投掷没有破片的爆炸装置,很多新兵都在训练中被吓得尿裤子。通过这种几乎完全模拟现实战场环境的磨炼,使得美军士兵在初临战场时不会不知所措,可以很快进入作战状态。美国的海豹突击队是世界上威慑力最强的特种部队之一,在训练的时候,士兵会被沉没到泳池的底部,并把双手反绑在身子后面,他们的任务就是通过牙齿,为自己戴上池底地板上的面罩。

我国的南国利剑特种部队训练程度不亚于美国海豹突击队,他们要忍受爆炸、毒气弹的伏击,还要接受严厉的拷打,这些都是为了检验特种兵在被俘后被强迫达到生理极限后的表现。白刃战作为一种最古老最残酷的战斗方式,在很多部队都被取消了。但最近又有越来越多的部队主动把刺杀训练作为必训科目,而且很受官兵欢迎。此外,还有其他一些训练可以帮助军人克服恐惧,比如使用炸药包进行击鼓传花,坦克过顶,夜间穿越密林,生吃蛇鼠,组织战士参观尸体解剖等。但是,在训练过程中,应该设立心理咨询室,由专业的心理医生对官兵进行心理疏导,预防心理问题的发生。通过科学化、实战化的军事和心理抗压训练,帮助士兵克服恐惧心理,提升勇敢品质。

(二)死亡防御训练

没有不怕死的人,但人有不怕死的时候。明代思想家罗伦曾说:"生而必死,圣贤无异于众人也。死而不亡,与天并久,日月并明,其惟圣贤乎。"也就是说,生命由躯体和精神两部分组成,虽然躯体无法永存,但精神可以永垂不朽。死亡防御训练可以让军人正确看待死亡,克服对死亡的恐惧,提升勇敢品质。

首先,为军人树立"我愿化为灰烬,捍卫每寸边疆"的信仰。抗日战争时期,中国的军人,他们的信仰,是民族危亡;到了今天,中国军人的信仰是保家卫国。这种相比于冰冷的命令,信仰更能激发出官兵的士气和战斗欲望。每个军人的心中都有自己坚守的价值和立场,军人与军人之间又会通过友谊潜移默化地相互影响,当所有军人都立场趋同时,就会形成一种强大的集体意识,进而发展成为信仰。相比于追求安全,避免死亡,军人还有更重要的事情要做,就是坚守自己的信仰。

其次,自尊具有缓解和减少由死亡引起的焦虑功能,被视为一种"恐惧缓冲器"。所以应该提高军人的自尊,将勇敢顽强的军人树立为大家学习的榜样。具体做法分四步。第一步:引导学习者对英雄榜样的示范行为产生注意。第二步:将示范行为以符号的形式将其表象化,比如录制宣传视频、颁发奖章、制作军用挂图等。第三步:鼓励学习者模仿英雄榜样的示范行为。第四步:对学习者的模仿行为进行奖赏和鼓励,提升其荣誉感和自尊感。

(三)敌意偏向训练

战争的铁血法则告诉我们,战场胜败从来不由军人从容选择,只能靠血性拼杀来博取。所以要进行"有我无敌,血杀到底"的敌意偏向训练。具体概括为"四个一定"。第一,一定要维护好祖国的尊严和荣誉,植入必胜信念。为此,可以回顾我军艰难而又光辉的战斗历程。正是因为具有这种敢打必胜的战略意志,我军才一次又一次用胜利不断验证着"帝国主义都是纸老虎"的历史论断。在抗美援朝战争中,我军面对美军的无理入侵,以"打烂了,最多就等于解放战争晚胜利几年"的大无畏气概,雄赳赳气昂昂跨过鸭绿江,最终迫使美军铩羽而归。第二,一定要牢记祖国曾经所遭受的欺凌和苦难。为此,可以组织军人阅读有关历史书籍、观看战争纪录片、参观国家博物馆,以便让他们深刻体验到侵略者的罪恶行径,从而激发他们的战斗精神。第三,一定要牢记祖国的英雄,并向他们学习。为此可以开展"传承红色基因,担当强军重任"的教育讲座,让全体官兵从历史的悲鸣中深深地感受到先烈的使命感和责任感,从而燃烧愤怒,增强攻击力。第四,一定要苦练杀敌本领,时刻准备为国家做贡献。军人是一个高应激、高危险的职业,时时刻刻在刀尖上起舞。只有"平时多流汗,战时才能少流血",只有"掉皮掉肉不掉队"才能在战时保证正常战术动作、战术水平的正常甚至超常发挥,以最小的牺牲赢取最大的胜利。

(四)增强社会支持

大量研究表明,社会支持对应激具有缓冲作用,在群体中享有充分社会支持的军人,不仅具有高度的自信心、价值感和力量感,还会对所隶属的群体产生强烈的归属感和认同感。对于群体中的其他成员也会充满信赖和尊重,并且能够为了实现群体的目标而克制自我,为了信守对上级和对战友的承诺而牺牲自我,从而表现得更加勇敢。所以,应该想方设法增强军人的社会支持,例如积极开展联谊活动,帮助"大龄军人"解决婚恋问题。此外,基层军官大多背井离乡,党和人民的支持无疑是最具有影响力的社会支持。因此,在军人感到难以承受重压时,通过政策宣讲可以让他们感受到党和人民对他们的关爱,鼓励他们对战胜困难充满信心,从而起到加油打气,激发勇敢的作用。

四、勇敢素质的自我评估

军人勇敢量表

亲爱的战友：

请认真阅读每句话，然后根据该句话与您的实际情况相符合的程度，在您认为最符合的数字上画"√"。数字代表的意思如下：1—非常不符合，2—比较不符合，3—不确定，4—比较符合，5—非常符合。

每个题只能选一个答案。除非您认为其他4个选项都确实不符合您的想法，否则请尽量不要选择"不确定"。

本测验没有时间限制，但对测试题不必过多考虑，如实作答就可以了。

请务必回答每个问题，不要有遗漏。

条目	等级				
1.我喜欢有挑战性的工作	1	2	3	4	5
2.由于遭遇困难，我的计划常常半途而废	1	2	3	4	5
3.我是一个当机立断的人	1	2	3	4	5
4.在遇到巨大阻碍时，我会选择拼搏	1	2	3	4	5
5.我喜欢做好一件事后再做另一件事	1	2	3	4	5
6.遇到坏人，我能根据当时的情况，及时想出对策	1	2	3	4	5
7.在五公里越野中，即使我落后，也会坚持跑完全程	1	2	3	4	5
8.即使没有监督或检查，我也会按时完成任务	1	2	3	4	5
9.军事训练中遇到突发情况，我难以迅速做出反应	1	2	3	4	5
10.即使遇到困难，我也会努力去完成既定的计划	1	2	3	4	5
11.解决工作中的问题，我总是干脆利落	1	2	3	4	5
12.在逆境中，我总能保持精神振奋	1	2	3	4	5
13.我总能按计划行事，不会轻易放弃	1	2	3	4	5
14.处理生活中的事情，我习惯"快刀斩乱麻"	1	2	3	4	5
15.我愿意想尽一切办法去攻克难题	1	2	3	4	5

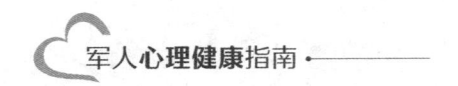

续表

条目	等级				
16.在情况复杂时,我也总能坚持自己的观点	1	2	3	4	5
17.即使局面很混乱,我也能辨清是非,并及时行动	1	2	3	4	5
18.长跑中遇到生理反应跑不动时,我会停下来休息	1	2	3	4	5

【结果说明】

1.该量表把勇敢分为果断、坚定、顽强三个因子,其中果断因子包括-2、5、8、11、14、17共6个条目,反映个体在各种情况下情绪的稳定度;坚定因子包括3、6、9、12、15、-18共6个条目,反映个体在活动中的独立自主特性;顽强因子包括1、4、7、10、13、16共6个条目,反映个体的顽强韧性。

2."-"号表示反向计分题。

3.军人勇敢评分等级。

等级	得分
高	＞70
中	60—70
低	＜60

第四章　自信

> "有必胜信念的人才能成为战场上的胜利者。"
> ——[英]希金森

海伦·凯勒曾经说过,"坚定的信心,能使平凡的人们,做出惊人的事业。对于凌驾命运之上的人来说,信心就是生命的主宰"。无论做什么事,自信是成功的首要前提。就像爱默生说的,"自信是英雄的本质"。要想成为一名优秀的军人,自信是最核心的心理素质要求。首先,我们要对自己保持积极的自我评价,给自己以积极的心理暗示,从而增强信心,保持健康稳定的心理健康状态。另一方面,自信不等于盲目自负和自大。我们要善于发现自己的缺点和不足,对自己的能力有一个客观准确的估计,从而规避不必要的失败风险。因此,我们要确立符合实际的目标,循序渐进,不断在挑战中提升自我、完善自我、超越自我。此外,作为一名军人,我们要随时牢记军人的荣誉感和使命感,从而在日常军事训练和任务执行中保持强大的动力,做到认定目标勇往直前,持之以恒。这样,我们才能更好地面对各项挑战,不断增强自信,提升自己的能力和军事作业绩效,在军旅生涯中实现人生的意义和价值。

一、什么是自信

自信是一个众所周知的概念,从字源上看,"自"即"自己、自我","信"即"信任、相信","自信"即"自己相信自己,自己信任自己"。《辞海》中也将自信定义为"自己相信自己"。古往今来许多名人学者均对自信进行过描述,我国古代著名思想家孔子有"吾心信其成,则无坚不摧;吾心信其不成,则反掌折枝之易亦不能"的论述。由此可见,自信即为相信自己的力量。自信的人坚信自己的目标是正确的,并坚信自己有能力去实现所追求的目标和理想。美国作家爱默生指出"自信是成功的第一秘诀"。自信和成功是息息相关的,越自信的人越能够不畏失败和困难,以进取的心态排除万难,不断寻找新的机遇。

人的一生中总会遇到各种大大小小的困难和挫折,在面对这些困难和挫折时,有人充满自信、迎难而上,有人害怕失败、错失良机。自信在我们适应社会和面对挑战时具有不可或缺的作用,一方面,相比于缺乏自信的人,自信者更不容易陷入抑郁和焦虑情绪,因此具有更高的心理健康水平;另一方面,自信的人更敢于尝试挑战,挖掘自身潜能,从而更容易获得成功。对于军人而言,自信也发挥着极为重要的作用。希望本章内容能够帮助军人学会采用积极有效的自信训练方式来维持和增强自信心理素质,提高军事作业绩效,从而提升战斗力。

对军人而言,自信也是一项不可或缺的心理素质。中国古代的杰出军事家诸葛亮在《出师表》中说:"恢弘志士之气,不宜妄自菲薄。"可见自信对鼓舞军队士气和提升军队战斗力的重要性早在我国古代就已经引起了高度重视。随着现代科学技术的不断发展,战争形式已经由短兵相接的阵地战转为互不相见的科技战和心理战,军人在面对残酷性、破坏性、突然性、复杂性增大的现代战争环境和非战争军事行动时,更需要强大的自信心作为激发正性积极心理活动和行为的动力。自信在人类自我心理调节系统中处于中心地位,直接制约着军人心理素质的培养和心理动力的激发,影响其他心理素质的表现,对于军人维持心理健康状态、提高军事作业绩效具有重要意义,对军人适应军事训练、极端环境、作战环境具有极其重要的作用,一个团体的整体自信程度甚至会影响战斗力,从而在一定程度上决定了战争的胜负。因此,为适应现代高科技战争模式,提高军人自信素质变得至关重要。

二、自信是怎么形成的

有学者认为自信来自情绪情感的影响,如对一件事的怀疑或沮丧感会降低信心,而对一件事的积极情感(如爱和幸福感)可能会增加信心;另有学者认为,自信水平的高低取决于对一件事的态度和看法,如对一件事过度担心和焦虑,个体的自信水平就会下降,反之亦然。总的来说,自信水平受这两者的共同影响。军人的自信是怎么形成的呢?具体可归为以下三个因素。

(一)正确的自我认知与评价

对自身能力、价值、智慧、品格等形成准确、客观的认知和评价是至关重要的,是自信的核心。消极的自我暗示是自卑感形成的重要原因,如果一个军人自我评价过低,在军事训练活动、战时军事作业中,由于害怕失败不敢尝试挑战,担心自己表现不如其他战友,或者在面对挑战时变得紧张和焦虑,不能积极应对,他就更容易失败。这种失败的经历会增加军人个体的自卑心理,使其陷入"自卑—失败—自卑"的恶性循环中;如果一个军人对自己的认知评价过高,盲目自信,就容易轻视挑战,在军事训练任务和战时军事作业环境中忽视潜在的不利因素,最终导致任务失败,给个人以及集体荣誉带来消极影响,这也不利于自信心的培养。因此,只有在恰当、客观的自我认知和评价基础上,才能产生和发展自信。

(二)积极的成败归因

个体活动成功和失败的经验会直接影响自信的建立和发展。通常情况下,成功的经验会增加人的自信心,而失败的经验会削弱人的自信心。如果一个军人在军事行动中不断圆满完成任务,获得成功经验,他就会建立起稳固的自信,如果不断碰壁、屡遭失败,就会削弱自信。另一方面,对成功和失败的解释也会影响自信的形成和变化。同样是成功和失败,由于不同的人归因不同,对自信的影响就大不一样。韦纳在归因理论中指出,人们通常把成败的结果归因于能力、努力、任务难度、运气、身心状态和其他因素(个人自觉此次成败因素中,除上述五项外,尚有其他事关人与事的影响因素,如别人帮

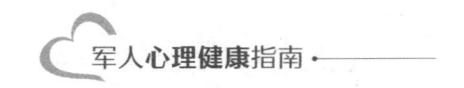

助或评分不公等)。因此,若军人个体把任务的成功归因于自身能力较强或自身努力,则更容易产生自信。例如,一个战士的某次三公里跑成绩进步了五秒,如果他将这个进步归因于自己平时的刻苦训练,那么他的自信也会因此而提高。另一方面,若军人个体把任务的失败归因于自身努力不够、任务难度太大等不稳定因素,也不容易导致自信心降低;例如,一个战士的某次打靶考核成绩不佳,如果他将原因归于运气不好,而不是因为自己能力太差,那么这次挫折则不会降低其自信心。但是,个体在积极归因的同时也要正视自己的不足。轻易将每一次失败都归咎于外部因素,不利于个体及时发现问题的真正所在,也不利于自身的成长。

(三)榜样学习

个人的榜样和同伴完成任务时的成功或失败经验也会对其自信心产生影响。美国心理学家班杜拉的社会学习理论对榜样学习与自信提升之间的关系进行了充分的解释:学习者观察到了榜样行为带来的积极后果,并由此产生了学习榜样行为的动机,并对自身的模仿和学习行为产生更高的信心。因此,榜样教育在个体的发展过程中有着不可替代的积极作用。例如打靶训练时,如果一个战士看到自己的战友均取得了不错的成绩,那么他自己也会信心倍增,打靶时更沉着镇静,从而更容易发挥出应有的水平。

三、如何增强自信素质

自信一直是军事心理学研究的核心内容,拥有自信不仅有利于改变军人在面临困境时对应激事件的评估和应对,缓解焦虑、抑郁的情绪,改善心理健康状态,还可以提高整体的作战士气和战斗力。作为一名军人,应该如何训练和提高自己的自信呢?简单来说,主要有五种方式:积极归因、积极自我暗示、积极表象训练、榜样强化,以及积极的选择性知觉等。

(一)积极归因

相信大家在面对成功和失败时,都会思考这样的问题:我为什么会成功?

我为什么会失败？下次再完成同样的任务,我会成功还是失败？有的人觉得自己失败是因为自己能力不够,即使下次再有同样的机会也不见得能做得更好;有的人却觉得失败是因为自己不够努力,只要下次稍加努力,就一定能取得成功。有的人觉得自己成功是出于侥幸或任务太过简单,有的人则会把成功归功于自己的能力。大家不妨总结一下,在每次体能测试或完成军事训练任务时,自己成功或失败的原因是什么。虽然每个人在完成不同的任务挑战时,成功或者失败的原因有很多种,但其归因倾向仍是有规律可循的,有人倾向于消极的归因方式,有人则倾向于积极的归因方式。大量研究证实:积极的归因与正向的情感体验、较高的期望、行为的加强和自信心水平的增强都是有联系的,对于自信心不足的人来说,积极归因更加重要。那么,作为军人如何进行积极的归因呢？

首先,善于采取"自利性归因"。所谓"自利性归因",就是把积极的结果归因于自身因素,而把消极的结果归因于外部的不稳定因素。当我们成功执行一项军事任务或解决一项难题时,应多把注意力放在自己的能力、努力等内在原因上(如平时的刻苦训练、自身不怕失败迎难而上的态度等);当我们面对失败时,应多考虑不稳定因素,如:自己是否努力程度不够、是否本次准备不够充分、是否任务太难了。

其次,准备一个笔记本,每完成一项训练或军事作业任务时,在上面尝试总结记录下成功或失败的消极原因和积极原因,并保证每次记录的积极原因比消极原因至少多一个。

最后,要合理制定目标。作为一名军人,虽然我们要时刻保持积极自信的心态,但是自信不是盲目的自信,更不是自负。在任务过难或碰到自己确实不擅长的领域而出现失败时,我们也不要一味将失败归咎于自己努力不够或运气不好,而应该适当调整目标,接受每个人都有短板和弱项的事实,学会扬长补短。

(二)积极自我暗示

美国心理学家罗森塔尔曾做过这样一个实验:他来到一所学校,对学生进行一项所谓的"未来发展趋势测验",测验完成后给老师递交了一份名单,并表示名单上的学生都具有很高的天赋,而事实上,名单上的学生都是随机挑选出来的。有趣的是,8个月后,罗森塔尔重返该所学校,发现名单上的学生的成绩和人际关系确实比其他的学生要好,且性格更开朗,更具自信心。这就是著名的罗森塔尔效应(亦称皮格马利翁效应)。

罗森塔尔效应认为,期望会对个体的行为产生鼓励效应,从而使最终的结果朝着预期的方向发展。当我们对一件事抱有乐观的预期时,我们会无意识地塑造我们的行为以符合预期,从而更容易获得成功、增加自信;相反,消极的自我暗示是自卑感形成的重要原因,而自卑感更容易导致任务的失败。因此,当我们面对军事训练或军事任务时,一旦意识到自我的消极想法和情绪增强,就应该学会如何着手应对这些问题,这就需要积极的自我暗示。

积极的自我暗示主要分为四个环节。

第一环节:思维阻断。思维阻断是指通过对当事者施加一些突然的或强烈的外部刺激,使得当事者及时停止不必要的或不受自身控制的想法,并通过多次反复练习,最终达到抑制和消除不良思维目的的过程。其具体步骤是:当我们意识到自己陷入了不良想法时,比如觉得自己无论怎么努力都达不到自己的目标也比不上其他战友时,先让自己将注意力短暂地集中在这个想法上,然后给自己施加一个外部的刺激信号,如大声喊"停",或用力拍一下手,或用重物敲击一下桌子,也可让别的战友配合自己完成,迫使自己中断这种消极的想法。如此重复练习多次,直到这种消极的想法完全消失为止。

第二环节:使用放松训练将自己放松下来。人的心理十分复杂,经常受到外界情境的影响。军人作为一个特殊的职业群体,时常面临各种体能考核和军事作业绩效考核,不免会与身边战友的成绩产生比较。在对抗、竞争的条件下,对手的好成绩常常会造成你内心的紧张,即便实力超过对手,心理的紧张也会束缚你潜在能力的发挥。因此,我们首先要做的就是让自己放松下来。这里介绍三种放松方法:呼吸放松法、肌肉放松法和想象放松法。

(1)呼吸放松法:其要领是用鼻腔吸气,口和鼻同时呼气。首先可选择一个放松的姿势,双肩自然下垂,慢慢闭上眼睛,通过鼻腔慢慢吸气,感受气息经过鼻腔缓缓流入喉咙、经过肺部、流入腹部,感受腹部随着气息的增多而慢慢鼓起来,吸足气后,屏息2秒钟,接着通过口鼻慢慢将气吐出来,腹部逐渐瘪下去,想象自己的紧张、焦虑、压力随着气息一起吐了出来。可重复2—4次。

(2)肌肉放松法:其作用原理是先让我们的肌肉体验紧张感,再体验松弛感,进而达到身心的彻底放松。具体操作如下。

皱起额头,保持5秒钟,再慢慢放松5—10秒;紧紧闭上双眼,保持5秒钟,再慢慢睁眼;用力握紧双手,保持5秒钟,感受手掌到前臂的紧张感,再慢慢放松5—10秒,感受手掌到前臂放松的感觉;用力耸肩,越高越好,保持5秒钟,再慢慢放松5—10秒,感受肩部放松的感觉;用力向上翘起双脚脚趾,并抬起双腿,保持5秒钟,感受小腿到脚趾紧张的感觉,再慢慢放松5—10秒,感受小腿到脚趾放松的感觉。

(3)想象放松法:其原理是通过想象一个令自己感到惬意或放松的场景(如海滩、草原等),从而达到身心放松的效果。开始前可选择一个舒适放松的姿势坐着或躺着,轻轻闭上眼睛,然后通过自己想象或播放引导语的方式将自己带入舒适的场景中。如:"这是一个初夏的午后,你迎着温暖柔和的风缓缓地走在一片绿油油的草地上,微风带来青草的香味,让你感到非常舒适,你慢慢躺下来,躺在软绵绵的草地上,温暖的阳光轻柔地洒下来,你感到周身很温暖,很舒适。偶尔有几只蝴蝶飞过,远处时不时传来几声鸟叫,你深深地吸了一口气,略带花草香味的清新空气渗入到你的身体。头顶是湛蓝的天空,飘着几朵白云,这时,你感觉自己好像坐在了一片白云上,随着白云慢慢地漂移,你感到无拘无束,轻松自在。"

三种放松方式可以根据具体的情景分别使用或结合使用。

第三环节:进行积极有效的自我暗示,改消极想法为积极想法。

学会和自己说话。自我暗示的句子需要简洁有力,如"我能行!""我很棒!""坚持!"等。要大声地说话,可以帮助"意识"调动内心深处的"潜意识",你可以站在镜子面前,看着自己的眼睛,真诚地表述自己的愿望:"你马上要参加一场至关重要的考核了,我相信你的实力,只要肯努力,你一定可以成功的!加油!"

将积极的想法写下来。可以准备一本笔记本,将每次的积极想法以文字的形式记录下来,从而从视觉上强化积极的想法。

第四环节:将积极暗示转化为实际行动。我们应该对生活抱有希望,但是心里存有希望只是精神层面的,我们要把这样的希望和想法落实到实际行动中,所以当大家觉得自己能行时,不要犹豫,不要拖延,要立刻行动,敢于尝试,敢于挑战。

(三)积极表象训练

一个有趣的实验研究:研究者把一个篮球队中水平相当的篮球队员平均分成三组,并在未来的一个月中让第一组球员停止练习投篮,让第二组球员坚持每天下午练习投篮一小时,让第三组球员每天下午在自己的想象中练习投篮一小时。一个月后分别测试三组球员的投篮成绩,发现第一组球员由于一个月没有练习,平均成绩由39%下降到37%;第二组球员由于每天坚持练习投篮,平均成绩由39%提高到41%;第三组球员平均成绩由39%提高到了42.5%。通过想象的方式练习投篮的球员,成绩反而比实际练习的球员成绩更好,这是为什么呢?后经研究发现,在想象中练习投篮的球员,在他们的想象中投出的篮球全部都是投中的,不仅在大脑中反复练习了投篮动作,还增强了自信心,因此投篮成绩提高得更多。

表象训练最早起源于运动心理学,顾名思义就是运动员在脑海中把要做的动作反复想象,从而可以提高自己对这个动作的驾驭能力和自信程度,因此当真正比赛的时候,既能控制自己的心理变化,又能较好地控制自己的身体。在军人的平时或临战心理训练中,表象训练是军人将所有的感知、战术动作、任务情境反复在头脑中进行演练,达到提高作战技能和心理控制能力的效果。这其中既有对动作的熟练和强化,也有通过自我对话、自我暗示等方法修正、创造新的技能的成分。既有对战术动作的熟练和完善,也有对情绪的控制和心理素质的提升。由于军事训练的特殊性、复杂性,受训者在训练过程中容易产生烦躁、焦虑、紧张,或者倦怠、失落、自我效能感降低等情绪反应,表象训练不仅能增强作战能力、提高训练水平、节省训练经费、避免伤亡,还可以调整受训者的情绪状态和注意状态,提升受训者的自信心和自我效能感,其对军人适应军事训练、极端环境、作战环境具有极其重要的作用。

表象训练的具体步骤可分为五个环节。

第一环节,认知学习阶段。此阶段可通过教练引导的方式,将操作技能动作或任务执行流程熟练掌握,即知道自己每一步具体该进行哪些行为动作。例如五公里越野跑,军人个体可以首先了解自己将以什么样的装备在什么样的环境里进行训练,跑步的姿势应该是什么样的,以及在途中需要注意什么困难等。

第二环节,表象训练阶段。此阶段采用坐姿或卧姿,闭目,深呼吸,全身放松,注意力集中于身体某一点。体会所学动作要领的具体流程和细节,在脑中反复做动作,并关注此刻的情绪变化和情绪调控。如果是竞技类比赛,例如射击竞赛,可在脑中想象在和对手比赛时采用何种技巧,如何通过具体的操作战胜对手,并坚信自己一定能赢。

第三环节,放松阶段。通过呼吸放松法、肌肉放松法等放松方式让自己放松1—2分钟,慢慢睁开眼睛。

第四环节,回顾总结阶段。针对刚刚结束的表象训练进行回顾总结,对认为不熟练或没有把握的阶段进行个别、重点突出的表象训练。

第五环节,实践检验阶段。每个战士优秀的体能和军事技能离不开日复一日、坚持不懈的实际演练。表象训练结束后,在实际操作中将表象训练的动作完整地做一遍,从行为上进行完整的检验,针对暴露出的问题,再次进行表象训练并循环。

(四)榜样强化

替代性强化,又称榜样强化,是由美国心理学家班杜拉提出的强化理论,指观察者通过看到榜样或他人的行为而受到强化,从而使自己也倾向于做出榜样的行为。榜样强化来自学习者观察到的榜样行为的结果。这种观察到的结果既可促进某种行为反应,也可以抑制某种行为。如观察者看到他人因为某种行为而受到奖赏或惩罚,观察者就更倾向于做受人们所欢迎的事,避免做受到惩罚的事。此外,榜样强化还有一个功能,就是情绪的唤起。例如当电视广告上某明星因穿某种衣服或使用某种洗发精而风度迷人时,如果你知觉到或体验到因明星受到注意而感觉到的愉快,对于你这是一种榜样强化。因此,当军人面对困难和挑战,感觉自己紧张、不自信、无法胜任时,可以多关注身边任务水平相当的同伴或前辈是如何成功应对困难和挑战的,学习他们面对困难和挑战时的应对方式,以及面对成功或失败时的处理方式,从而给自己增加成功的信心,也可多阅读学习成功人士克服艰难险阻最终取得成功的故事来增强自信。

(五)积极的选择性知觉

在面对挑战时,忽略自己不能应对、可能会输的想法和紧张情绪,把注意力集中到需要完成的任务上,即为积极的选择性知觉。以表演走钢索为职业的美国人瓦伦达,在面对这份让人紧张、恐惧且容易出现失误的工作时,是这样描述自己的:"我走钢索时,从不想着到达目的地,只想着走钢丝这件事,全神贯注地走好钢丝,不考虑得失。"军事作业也常常需要我们全神贯注,稍有不慎就容易出现难以挽回的失误,因此我们要学会放松心情,把注意力集中在任务本身,具体可采取以下几点措施。

1.使用放松训练让自己保持轻松、镇静的心态。当面对让自己紧张、焦虑的任务时,先设法让自己放松下来,前文介绍了三种放松方法:呼吸放松法、肌肉放松法和想象放松法。

2.确定合理的目标。可把需要挑战的任务分解成几个自己可操作的小目标,然后逐步完成它。如果我们觉得五公里跑十分困难,那么就从一公里、两公里、三公里开始,循序渐进,逐步提升自己的体能。

3.转移注意力。将对任务结果紧张、焦虑的想法转移到完成任务本身,把所有的注意力都专注于如何应对任务而不考虑得失。

四、自信素质的自我评估

军人自信量表

亲爱的战友：

请认真阅读每句话，然后根据该句话与您的实际情况相符合的程度，在您认为最符合的数字上画"√"。数字代表的意思如下：1—非常不符合，2—比较不符合，3—不确定，4—比较符合，5—非常符合。

每个题只能选一个答案。除非您认为其他4个选项都确实不符合您的想法，否则请尽量不要选择"不确定"。

本测验没有时间限制，但对测试题不必过多考虑，如实作答就可以了。

请务必回答每个问题，不要有遗漏。

条目	等级				
1.认识我的人差不多都喜欢我	1	2	3	4	5
2.我遇事很容易激动	1	2	3	4	5
3.和别人讨论问题时，我有自己的见解	1	2	3	4	5
4.同寝室的战友都说我是一个容易相处的人	1	2	3	4	5
5.战友们认为我是一个沉得住气的人	1	2	3	4	5
6.在集体活动中，我习惯听从大家的意见	1	2	3	4	5
7.周围的人有问题总爱向我咨询或请求帮助	1	2	3	4	5
8.我善于控制自己的言行	1	2	3	4	5
9.在工作中我能独当一面	1	2	3	4	5
10.战友们很少找我拿主意	1	2	3	4	5
11.我习惯于仔细考虑后才做出决定	1	2	3	4	5
12.在与他人合作时，我也能独立思考	1	2	3	4	5
13.我能与性格不同的战友和谐相处	1	2	3	4	5
14.我能心平气和地处理事情	1	2	3	4	5
15.遇到问题，我喜欢独自思考	1	2	3	4	5
16.别人都认为我是一个热心肠的人	1	2	3	4	5

续表

条目	等级				
17.在完成时间紧迫的任务中,我也能保持镇定	1	2	3	4	5
18.我相信自己能独立完成挑战性的任务	1	2	3	4	5

【结果说明】

1.该量表把自信分为沉着、独立、乐群三个因子,其中沉着因子包括-2、5、8、11、14、17共6个条目,反映个体在各种情况下情绪的稳定度;独立因子包括3、-6、9、12、15、18共6个条目,反映个体在活动中的独立自主特性;乐群因子包括1、4、7、-10、13、16共6个条目,反映个体建立与维持人际关系的能力。

2."-"号表示反向计分题。

3.军人自信评分等级。

等级	得分
高	>70
中	60—70
低	<60

4.评分说明:评分等级为高,说明具有较高的自信水平,对自己的能力十分有把握,善于处理各种人际关系,并且有十足的信心去克服工作和生活中的困难;评分等级为中,说明具有中等水平的自信,面对挑战,不要害怕和焦虑,只要勇敢迈出第一步,就离成功更近了一步;评分等级为低,不要沮丧,我们要善于去发现自己的优点和长处,同时不断确立目标去提升自己,超越自己,逐步提升自信。

第五章 耐挫

> "我不以一个人爬得多高来衡量他的成功,而是看他跌到谷底后能反弹多高。"
>
> ——美国陆军上将 巴顿

挫折是客观存在的,每个人一生或多或少都会遇到各种挫折。挫折具有双重性,它会给人以打击,带来痛苦和失败,但也能使人奋起,从中得到历练。在我们的生活中,挫折只是很小的一部分,关键在于我们怎样去认识与对待它,学会以微笑对待生活,就会感到生活的愉快和温馨。耐挫素质在我们适应社会和面对挑战时具有不可或缺的作用。耐挫能帮助个体适应环境、合理调节情绪、克服工作和生活中的困难,使个体从挫折中尽快复原,并不断挖掘自身潜能,改善个体在压力环境下的心理和行为表现,帮助个体自我实现,促进心理健康。军人耐挫是作战心理素质的重要组成部分,是决定战斗力的重要因素,也是军人心理健康水平高低的标志。希望本章内容能够帮助官兵学会采用积极有效的耐挫训练来增强耐挫心理素质,提高军事作业绩效,从而提升战斗力。

一、什么是耐挫

古往今来许多名人学者均对耐挫进行过描述,我国古代思想家孟子就有"天将降大任于是人也,必先苦其心志,劳其筋骨,饿其体肤,空乏其身,行拂乱其所为,所以动心忍性,增益其所不能"的论述;"百折不挠""梅花香自苦寒来""愈挫愈勇""坚韧不拔""艰难困苦,玉汝于成""自古英雄多磨难,从来纨绔少伟男""咬定青山不放松"等成语、诗句、典故等均表达了耐挫的含义。美国发明家爱迪生说"失败也是我需要的,它和成功对我一样有价值";林肯也说过"我们关心的,不是你是否失败了,而是你对失败能否无怨"。

耐挫为合成词。说文解字中,耐,是古代一种剃去颊毛的刑罚;挫,摧折、打压,使之难以立足。从字面上理解,耐挫的意思为:忍受、经得起、容忍,胜任失败、压制、屈辱、折损。在心理学大词典中,耐挫是指个人遭受挫折时能承受精神上的打击而免于心理或行为失常的能力。军人耐挫是指在面对不同的挫折时,保持聚焦目标和高水平战斗力的能力。具体来说就是,在我们的战友被狙击手杀死的第二天,我们仍然准备好在战场上巡逻,虽然我们知道狙击手还在那里构成威胁。通俗来说,遇到挫折撑得住,关键时刻顶得住,扛得了重活,打得了硬仗,经得住磨难。

军人由于职业的特殊性,经常需要面对特殊军事作业环境、非战争军事行动、战争环境、训练生活情境,这样的职业和生活环境也给军人群体带来了高危险、高负荷、高恶劣、高复杂、不可逆以及难重复等多方面的挫折,更需要强大的耐挫素质作为激发军人群体正性的积极心理活动和行为的动力。因此,为适应现代高科技战争模式,提高军人耐挫素质至关重要。

二、耐挫是怎么形成的

在同样的军事训练和作战环境下,同一支队伍里,不同军人在面对挫折和应激事件时所展现出来的心理状态和行为方式有所不同。高耐挫的军人在面临压力和挫折时,能够及时地进行自我疏导与排解;而低耐挫的军人则容易精神紧张,产生焦虑、抑郁、恐惧等负性情绪反应,并难以化解。长此以往,会严重影响军人的心理健康和军事作业任务的完成。那么,军人的耐挫是怎么形成的呢?具体可归为以下四个因素。

(一)耐挫是应激耐受

应激一般是指个体在各种外部刺激作用下出现的非特异性反应,包括生理上的血糖升高、血压上升、心跳加快和呼吸加速等,以及心理上的紧张、焦虑、恐惧等情绪反应和自我防御反应等。人们在一生中往往会经历不同的生活事件,也会不断经历各种各样的挫折和应激情境。高耐挫的个体通常具有更高水平的应激耐受。也就是说,个体在经历一次次应激情境之后,对应激情境的容忍力不断增强,在面临新的应激情境时能够更好地应对。

由于职业的特殊性,相较于一般人群,军人面临着更加复杂的应激因素和更为激烈的应激强度,而过高的应激水平会严重影响军人的生理和心理健康状态,并进一步影响军人的日常军事训练和军事作业绩效。因此,作为军人,对不同应激源形成耐受则变得尤为重要。应激耐受,要求军人同时具备良好的身体素质和心理素质。一方面,良好的身体力和健康的体魄是保障军人耐挫水平的重要基础,能够帮助军人个体在面临应激情境时更好、更快地恢复到稳定的生理水平;另一方面,良好的心理素质可以提高军人个体对应激情境的容忍力,使其在遭受挫折时能够更好地排解负面情绪,承受打击,更快地从创伤中恢复。

(二)耐挫与耐挫人格有关

心理学家认为,人格具有稳定性。它对个体行为表现的影响是一贯的,不受时间、地点和情境变化的限制。因此,人格在很大程度上能够决定一个人的思维方式和行为反应,甚至决定个体的成败。具有耐挫人格的个体,往往拥有坚强的意志品质,能够在面对挫折时保持积极、理智、冷静的心态,避免产生负性的情绪反应,从而最大化地降低挫折感给自身带来的消极影响。一般来说,个体的意志力越强,面对失败和困难的耐挫能力也越强。但是,人格的稳定性并不代表它是一成不变的。事实上,随着个体社会生活环境的变化和自身的成长,他的人格也会在潜移默化中被塑造和培养。作为新时代军人,只有时刻牢记军人的责任与担当,以目标为导向,培养坚强的意志和耐挫型人格,才能面对挫折不怕失败,以拼搏进取的积极心态面对军事作业和生活训练中的各种挑战,迎难而上,变被动为主动。

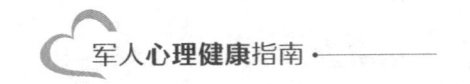

(三)耐挫是对压力的适应

个体面临挫折情境时,常常会给自身带来生理和心理上的压力。当个体对这些突如其来的压力适应不良,或者准备不足时,容易造成精神紧张,损害自身的身心健康,导致工作效率下降,十分不利于个人的发展。有学者将耐挫定义为个体对压力的抵抗与适应能力,即个体在面临挫折时,能够灵活地承受压力,有效消除负性心理或行为,帮助自己摆脱困境的能力。作为军人,需要面对高负荷的军事训练、紧急的抢险救灾任务甚至危险的军事作战任务,职业的特殊性使得军人群体需要面对异于常人的挫折体验,承受更多方面的压力。因此,培养有效的压力适应能力是提高军人耐挫水平不可缺少的重要环节。适应压力,要求军人具有良好的挫折排解能力。高耐挫的军人在挫折情境中能够主动地疏解自身压力,将压力进行转移、疏散,最终得到化解,从而消除其带来的挫折感。

(四)合理的挫折认知

挫折是客观存在的,且会陪伴我们一生。高耐挫的军人会对挫折有一个合理的认知,并善于对其进行正确归因,从而消除挫折带来的负性体验。首先,要对造成挫折的原因进行实事求是的认识和分析,并针对原因采取相应的措施,将挑战及消极经历视为可以克服的、可供自我发展的机会,把失败转变为成功的动力,并对自身的耐挫能力和人际交往能力充满信心。其次,要将挫折带来的负性情绪进行积极的认知和归因,控制焦虑等负性情绪,进而产生积极动机。因此,只有在恰当、客观的认知和评价基础上,才能产生和发展耐挫。

三、如何增强耐挫素质

我军某部队军事训练经验总结材料报道,当经过2-3次挑战心理极限训练后,96%的官兵减少了不良心理反应,提高了心理承受力。我们可以通过在挫折中学习和掌握应对挫折的方式和技巧进行锻炼来增强耐挫能力,学会从心理上做好随时应对挫折的准备,最终使自己能经受任何残酷的打击。作为一名军人,应该如何训练和提高自己的耐挫素质呢?

(一)挫折接种

心理学家借鉴了生物医学领域疫苗接种提高免疫力的概念和原理,提出了"挫折接种"的心理行为训练新观点,为耐挫训练提供了一条全新的有效途径。挫折接种指的是人为地创造挫折情境,借助多种刺激手段,有意识地对个体的生理、心理施加影响,使个体在生理和心理状态方面适应、接受、战胜挫折的过程。挫折接种训练通常由较小的挫折开始,使个体在挫折情境中不断克服这些小的挫折,然后逐渐加大挫折力度,使个体逐渐适应挫折,在心理上产生一种应对挫折的"抗体",达到对挫折脱敏,最终形成耐挫力,从而保护和促进个体的心理健康。

具体来说,挫折接种包括以下三个阶段。

教育阶段。即让个体了解到挫折可能带来的紧张、焦虑、恐惧和痛苦等负性情绪体验,使个体能够更好地理解并接受各种潜在的挫折反应。首先,要让个体对挫折情境进行唤醒,主要是通过对困境进行想象和详细描述来进行。例如,作为军人,可以想象自己射击考核时成绩不合格,周围的战友成绩都比自己优秀时是什么心情。其次,个体要以自我陈述的方式,尽量详细地描述面对这种情境的主观体验,包括生理上的心跳加快、呼吸急促,以及心理上的焦虑感、紧张感和无助感等消极的逃避想法。

模仿排练阶段。即为个体提供有效的应对技巧,帮助个体对困境做出积极应对,这包括准备阶段和认知应对阶段。准备阶段指的是收集挫折有关信息,并学会针对自身的放松训练,如呼吸训练和肌肉训练等。例如,在遇到挫折时,采用腹式深呼吸训练能够使心率减慢,呼吸恢复正常,降低血压,身体得到休息,让个体充分平静和放松下来,从而减少生理唤醒,降低应激对个体的影响。而认知应对阶段则是指通过个体的自我陈述,有意识地监测自身面对想象中的困境所产生的负性情绪和行为表现,鼓励个体控制、消除消极悲观的想象,把悲观想象转化为积极想象。例如军人个体"考核成绩不如战友"的想象,在练习的时候可以改变自我陈述,将"我的能力不如别人"变为"只要我有信心,通过努力,我也可以和他们一样优秀"。

实际训练阶段。教育训练理论认为,军人个体的某种作战能力和心理素

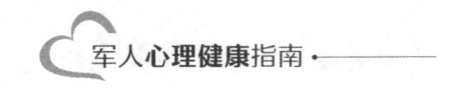

质,只有在需要这种能力和素质的环境和条件下才能真正训练出来并得到强化。因此,除想象这一方式以外,创设真实的挫折场景让个体去体验和感受是更有效的一种挫折接种方式。在军人的日常训练中,可以通过武装五公里越野跑、圆木训练以及泅渡穿越等极限训练方式,挑战个体的生理和心理极限,激发潜能,使军人个体的体能、军事技能和心理承受能力在困境中不断得到提升,从而更好地应对日常生活和军事作业中的各种挑战。同时,军人个体要在失败和挫折中学会正确归因,找到自身缺点和短板,不断提升自己的能力;学会合理控制自己的情绪,在面对困难和压力时保持积极乐观的心态,从而更好地应对各种挫折和困境。

(二)挫折认知重评

每个人一生都会遇到挫折。挫折具有双重性,会给人以打击、失败和痛苦,但也能使人奋起,从中得到锻炼。面对挫折,关键在于我们如何认识与对待它。认知重评即认知改变,是一种相对健康的情绪调节模式。对于挫折引起的负性情绪,个体可以采取对当前挫折情境的意义进行重新解释的策略,换个角度看问题,从认知上改变个体对情绪事件意义的看法和态度;同时,个体要学会调节情绪,以更加积极的方式理解使人产生挫折、生气和厌恶等负性情绪的事件,从而改变情绪体验,心平气和地面对不同的场合和事件,提高办事效率和质量,维护自身心理健康,促进人际关系和谐。具体包括两种方法。

1.认为自己就是一名优秀的军人

瑞典军事分析家弗里曼提出的"知觉战争"指出,在对敌作战中,可以通过操纵敌军指挥官的认知,让指挥官相信已取得了胜利,进而不战而胜,终止敌对行动。身为一名军人,必须做好心理准备来应对服役期间的所有挫折以及这些挫折的后果。如果在遇到挫折时,认为自己不能应对,不是一名优秀甚至合格的军人,那么,用不了多久,个体的表现就会变差,真正沦落为一名不合格的军人。因此,采取"认为自己就是一名优秀的军人"的方法,是一种十分有效的应对挫折策略,能够改善挫折给我们带来的不良情绪,帮助自己在遇到挫折时有效应对。这种方法还适用于结束服役回归社会生活后。我们也可以将其传授给家人和朋友来应对生活中的挫折,使大家一起变得更强大。其要领是:在遇到挫折时,想象优秀的军人会有什么反应,会怎样处理,然后按自己所想的去做。具体方法是:首先,当我遭遇现在所经历的挫折时,我的反应会是什么?我准备如何处理?给自己几秒钟时间想一下。现在,把这些想法和准备采取的措施记在自己的脑海里。然后,请想象当这些挫折事件发生时,一个英雄或是一名优秀的军人会怎么做。最后,在心里认为自己就是这名优秀的军人,并按照所想象的优秀军人的做法去应对这些挫折,并相信自己能应对好。需要注意的是,即便没有成功应对,也不意味着自己不优秀。事实上,任何一名优秀的军人都无法成功应对所有挫折,所以我们应该继续向前,并为下一个任务做好准备。要知道,不管遇到什么样的挑战,摆脱挫折对自身的影响,继续专注于当前执行的任务,对自己以及生死与共的战友都至关重要。一支优秀的队伍,只有所有战士都专注于当下,以最充沛的体能、最熟练的军事技能以及最积极的心理状态执行任务,才能使军队战斗力得到最大限度发挥。

2. 改变对挫折不正确的看法,树立挫折有益身心健康的观点

美国心理学家麦戈尼格尔曾做过这样一个实验:首先,询问被试"过去一年,你感觉自身承受的压力水平有多高?"并要求被试以很低、一般、很高来进行评价。然后,询问被试"你相信压力有害健康吗?"通过历时8年,对3万名美国成人的追踪研究发现,虽然感觉过去一年承受很高水平压力的被试的死亡风险增加了43%,但这只适用于那些相信压力有害健康的被试。那些自我感觉承受极高水平压力的人,若不认为压力对健康有害,死亡风险则没有升高。事实上,与那些感觉承受压力水平很低的人相比,这些人的死亡风险反而最低。压力并不是导致死亡风险升高的原因,导致死亡风险升高的原因是认为压力有害健康的这种观点。改变对压力的看法,可以促进身心健康。

以往,我们把挫折或压力当成敌人,认为挫折会给我们的身心健康造成干扰和伤害,比如诱发感冒或心血管疾病等。但是,哈佛大学的研究却发现,我们对挫折的态度是错误的。事实上,挫折本身是无害的,而"相信挫折有害"的想法会增加我们患病甚至死亡的风险。改变对挫折的认知,"认为挫折或压力有益于身心健康"却可以降低我们生理、心理疾病的发生率以及死亡的风险。

在遇到挫折时,如果将出现的心跳加速等压力反应看成是焦虑的表现,那么我们的血管壁会变厚并向内收缩,诱发心血管疾病,长此以往会严重损坏健康。但是,研究证实,遇到挫折时,不将出现的心跳加速、呼吸急促、满头大汗等压力反应作为焦虑的表现,而是改变认知,将其当成是象征身体已准备好迎接挑战、精力充沛的助力,即:心跳加速代表蓄势待发并努力产生力量和能量;呼吸急促是为了让大脑获得更多氧气,这样做会显著减少焦虑,增强信心。并且,最重要的是,尽管此时你的心脏仍在强力收缩,但是你的血管壁会变薄,血管会放松,心血管系统的变化是你在感到兴奋和鼓起勇气时所呈现的状态,健康而充满活力。

因此,作为军人,我们的目标不是帮助自己摆脱挫折,而是让自己更加善于处理和应对挫折。如何看待挫折至关重要。首先,要纠正对挫折的看法,改变自己的认知,不要再认为挫折是不好的,根植"挫折有益健康"的理念。在遇到挫折时,我们要把挫折看成是帮助身体变得更加健康的机会,当出现心跳加速等反应时,需要明白这些反应是我们的身体在帮助自己准备迎接挑战。当我们习惯以这种方式看待挫折时,身体会信任自身的认知判断,这样,我们对挫折的反应会越来越健康。挫折并无害处,相反,认为"挫折有害"的观点有害身心健康。改变对挫折的认知,将挫折意义化,树立"挫折有益身心健康"的观点能促进身心健康,使人成长。

(三)耐挫益处发现

既往作战经验表明,军人最重要的武器是自身的思想。益处发现(Benefit Finding,BF)是随着积极心理学的兴起而被提出的,是指个体在经历了生理或者精神上的创伤后而感知到个人的、生活的、精神上的积极意义的认知和行为的应对过程,包括认知行为管理、压力管理、积极反思。

埃默里大学的神经学家伯恩斯的研究发现,人类的行为被效用动机和

"神圣价值观"驱动,个体对效用动机和价值观的加工方式不同,并且每当涉及"神圣价值观"时,个体将不会基于功利主义演算而做出决定。因此,可对人类当前的决策模式进行相应的改变,这对国家安全战略发展具有重要意义。

可见,可从"神圣价值观"角度通过益处发现来提升军人耐挫。具体方法如下。

第一对个人而言,在战争中,所有人都会面临死亡,包括我们自身、战友和一些平民百姓。这一切都不是我们个体的错。作为一名军人,自身所具备的正义感和人性深入人心。我们想让世界变得更美好。通过献身国防,我们解救处于水深火热的百姓,让他们的生活回到正常、和平的轨道上来,我们所做的一切都是为了正义和人性,我们应当为此感到自豪。我们致力于保家卫国,捍卫和平和人民幸福的行为将会永远得到赞扬。

第二对国家而言,我们要时刻铭记我们是在为国效力,为了更高的利益奋斗,为了光荣的使命而战斗,这也是我们每一个中国人都会想要去做的。

第三对我们的战友而言,在面对挫折时,学会去耐受挫折,学会调节,战胜挫折,这也非常重要。我们是出生入死的兄弟,是为彼此而战的。同时,在面对挫折时,我们永远都不是孤军奋战。作为一名军人,我们有战友的支持,还有专业的心理咨询师帮助应对服役期间不可避免的精神压力。我们将与自己的战友一起面对挫折,一起治愈。不要吝啬或觉得不好意思去寻求帮助。我们可以从他人(如心理咨询师和战友)的经验中学到很多。

作为一名军人,职业的特殊性使得一些艰巨的军事任务和应激事件难以避免,使人感到重重困难,开始不断怀疑和否定自己,负性情绪的累积给自身带来沉重的心理压力,从而无法正常工作、训练,整日焦虑、失眠,觉得生活无望,形成恶性循环。但就像泰戈尔曾经说过的,"人总是要犯错误、遭受挫折、伤脑筋的,不过决不能停滞不前;应该完成的任务,即使为它牺牲生命,也要完成。社会之河的圣水就是因为被一股永不停滞的激流推动向前才得以保持洁净"。人的一生中,挫折是客观存在且不可避免的,重要的是我们以什么样的方式去认识和应对。首先我们要做到的就是改变应对挫折的消极认知,接受挫折,不逃避、不回避。作为军人,我们要用顽强的意志和积极的心态去直面每一个困难和打击,与逆境共处,以目标为导向一步一步完成自己的理想和抱负,最终消除并战胜挫折。此外,部队是一个大集体、大家庭,遇到挫折时,我们永远都不是孤军奋战。面对自己无法解决的困难时,不要忘了及时向战友和家人沟通倾诉,必要时也可以寻求专业心理咨询师的支持和帮助。

四、耐挫素质的自我评估

军人耐挫量表

亲爱的战友:

请认真阅读每句话,然后根据该句话与您的实际情况相符合的程度,在您认为最符合的数字上画"√"。数字代表的意思如下:1—非常不符合,2—比较不符合,3—不确定,4—比较符合,5—非常符合。

每个题只能选一个答案。除非您认为其他4个选项都确实不符合您的想法,否则请尽量不要选择"不确定"。

本测验没有时间限制,但对测试题不必过多考虑,如实作答就可以了。

请务必回答每个问题,不要有遗漏。

条目	等级				
1.我在部队有种如鱼得水的感觉	1	2	3	4	5
2.遇到烦心事,我很难尽快把自己从不良情绪中解脱出来	1	2	3	4	5
3.在逆境中,我的行为也不会被情绪牵制	1	2	3	4	5
4.即使在嘈杂的环境中,我的学习和工作也能不受影响	1	2	3	4	5
5.生活或事业遭遇失败,我能客观分析原因,保持平常心态	1	2	3	4	5
6.就算遇到烦心事,我也能积极地生活	1	2	3	4	5
7.到一个新环境,即使饮食、作息等变化很大,我也能照样吃得下,睡得好	1	2	3	4	5
8.在失意时,我也能发现许多愉快有趣的事情	1	2	3	4	5
9.我经常觉得自己所受的挫折和打击比别人多	1	2	3	4	5

续表

条目	等级				
10.军队的规章制度不一定都合理,但我总是努力遵守	1	2	3	4	5
11.我赞同"塞翁失马,焉知非福"的说法	1	2	3	4	5
12.当目标不能实现时,我能平静地接受	1	2	3	4	5
13.新到一个陌生环境,我需要较长时间来适应	1	2	3	4	5
14.我觉得凡事只要尽力而为,便可问心无愧	1	2	3	4	5
15.受领导批评后,我仍能心平气和地工作	1	2	3	4	5
16.我能很快融入不同的集体中去	1	2	3	4	5
17.当工作遇到阻碍时,我会向他人请教,寻求帮助	1	2	3	4	5
18.即使自己表现得很好仍没评上优秀,我也不会感到不公平	1	2	3	4	5

【结果说明】

1.该量表把耐挫分为适应、承受、调节三个因子,其中适应因子包括1、4、7、10、-13、16共6个条目,反映个体与环境保持协调一致的能力;承受因子包括3、6、-9、12、15、18共6个条目,反映个体的心理承受能力;调节因子包括-2、5、8、11、14、17共6个条目,反映个体的心理调节能力。

2."-"号表示反向计分题。

3.军人耐挫评分等级。

等级	得分
高	>70
中	60—70
低	<60

评分说明:评分等级为高,说明具有较好的耐挫水平,知道人生中的挫折和失败是在所难免的,能够以积极自信的心态去很好地克服和面对;评分等级为中,说明具有中等的耐挫水平,面对困难和失败,保持坚强的意志,在挫折中一步一步历练自己,我们远比自己以为的要更加强大;评分等级为低,不要沮丧,没有绝望的处境,只要我们不放弃任何希望,迎难而上,勇敢地在生活中不断尝试,挫折和失败远远没有想象中恐怖。

第二篇

军人心理健康能力提升

本篇导读

世界卫生组织(WHO)在著名的卫生大宪章中将健康定义为:"健康是一种身体上、心理上和社会适应上的完好状态,而不仅是没有疾病和虚弱的现象。"那么,心理健康的含义是什么呢?心理健康是指一种持续的积极发展的心理状况,在这种状况下主体能做出良好的适应,能充分发挥身心潜能,而不仅是没有心理疾病。因此,心理健康的含义有两层:一是没有心理疾病,这是心理健康最起码的含义,如同身体没有疾病是身体健康的最基本条件一样;其二是具有一种积极发展的心理状态,这是心理健康最本质的含义,它意味着要消除一切不健康的心理倾向,使一个人的心理处于最佳状态,这就要求个体具有心理健康能力。

官兵在成长进步中,面临着一系列重大人生课题,如环境适应、角色转换、人际关系协调、换防与突然团聚、婚姻恋爱等。许多愿望和期待,由于主客观条件的限制不能如愿以偿。伴随着愿望的落空将可能出现失望、悲观、烦恼、焦虑、怨恨、孤独等情绪状态。假若这些消极心理体验长期得不到缓解,就容易出现严重的异常心理反应,影响正常的军事训练、生活与今后的健康发展。因此,我们官兵必须发展和具备心理健康能力,才能不让心理矛盾、心理烦恼、心理问题发展为异常心理。

军人心理健康能力是军人在军事作业环境下顺利应对生活事件并保持良好心理健康状态所必备的心理特征,有六个成分,从生理到心理、从个体到人际、从内部心理到外部环境,基本涵盖了军人心理健康的各个方面。(1)应变力:外界事物发生变化时能审时度势,随机应变。(2)抗压力:富有弹性、坚强,能够忍受困难和挫折,在紧急时刻或压力之下仍然保持战斗力。它在应对压力的活动中体现。(3)镇定力:冷静、镇定,能够掌控自己的情绪和情感,在恐惧、孤立无援、疲劳、被拘押等情况下还能使自己的情绪保持稳定并进行思考和行动。它在调控强烈情绪状态的活动中体现。(4)适应力:适应极端环境、适应改变需求的行动以及修改计划以适应形势。它在适应环境和应对变化、挑战的活动中体现。(5)身体力:保持身体良好状态、并对自己身体的状况拥有自信。它在调控身体健康相关的活动中体现。(6)合作力:能够有效倾听并与他人良好沟通,在关键时刻能够将群体目标置于个人目标之上,敢于做困难并正确的事情,并与团队荣辱与共。它在促成团队凝聚力和达成团队目标的活动中体现。

第六章　应变力

"穷则变,变则通,通则久。"

——《周易·系辞下》

提到应变力,我们很容易联想到一个成语——随机应变,它的意思是随着情况的变化灵活机动地应付。应变力实际上教会我们的是活学巧用、在变中求胜的一种处事能力,帮助我们在关键时刻把握机遇,应对危机,化解难题,应变力是当代军人应有的基本心理能力。21世纪是大数据智能时代,信息如山,数据如海,要想成长成才,必须应变;现代战争样式日新月异,战争环境瞬息万变,要想打赢,必须应变。

应变力强调认知、情绪、动机、行为的灵活性,因此与此相关的体质、能力、气质、性格、知识、价值观等都属于应变力的心理资源。这些心理资源往往是整合地而非各自独立地影响着应变力的生成。另外,灵活性的基础在于认识问题的多维度的全面性,而社会交往面的宽度会影响这种全面性,即在广泛的社交中接触到更多具有不同视角的人会更具认知灵活性,而且会减少僵化的防御机制、刻板的认知模式、先占观念等。社会文化因素对人也会有很强的塑造作用:如孔子所说的"智者乐水,仁者乐山",还有《孙子兵法》强调的"九变之利""举一反三""活学活用""通权达变"等鼓励和赞扬随机应变的成语,以及"守株待兔""刻舟求剑""因循守旧"等讽刺僵化刻板的成语,都塑造着中国人灵活变通的特点。应变力代表着人类高超的生存智慧,军人要不断面对挑战的军事作业领域,其作用就显得更为重要。广泛利用社会心理资源,开展科学教育和训练,提升官兵应变力,将会对官兵保持良好的心理健康状态和提高战斗力大有裨益。

一、什么是应变力

应变力是心理功能和身体功能都协调一致并灵活运行以应对挑战的能力,应变力强的个体能够运用更加成熟和有效的应对方式来面对困境。孔子认为:智者通达事理,反应敏捷而又思想活跃,性情好动就像水不停地流动一样。这种活水一般的智慧体现在生存发展的活动中就是应变力。李小龙也把这种智慧用于功夫之道:"empty your mind, be formless, shapeless, like water…(放空头脑,似水不定,似水无形……)"。

对于军人来说,应变力是军人心理健康能力的一个维度,反映了军人心理健康能力的一个侧面,即主动调整认知、情绪、动机、行为以应对突发事件和形势变化的能力。因此应变力是一种稳定的心理特征,这种心理特征与应对生活事件和保持良好心理健康状态的行动相关,强调主动改变以应对变化的认知、情绪、动机、行为等方面的灵活性。因此,在充满各种各样生存威胁和极端挑战的军事领域,应变力就显得尤为重要:当我们面对瞬息万变的局势和错综复杂的环境时,应变力能帮助我们在变化中产生应对的创意和策略,能够审时度势并随机应变,或是能在变动中辨明方向并持之以恒。这不仅能帮助个体化险为夷,而且可能改变战斗的局势。

军人的应变力具有三个特性。一是功能性,是指军人适应军事环境、训练和改变战场形势的能力;二是主动性,是指军人主动与军事环境互动,改变环境,主动去改变不利状况的能力;三是灵活性,应变不是只用一种方法、一个思路去改变,而是因时因势,多方法、多路径去解决问题。

二、应变力是怎么形成的

从应变力的概念看,应变力是一种与生存环境互动的能力,因此这种能力的产生必然与我们的后天成长背景息息相关,即应变力可以从人与环境的

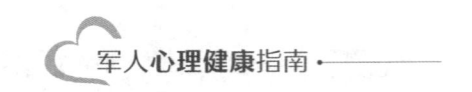

互动中锻炼出来。因此,在先天因素的基础之上,我们更关心个体在面对问题和挑战时所体现出的知识结构的多元性、个性的成熟性、认知方式的灵活性及自我情绪调节能力等,因为这些因素与我们处理问题的过程高度相关。

(一)多元知识结构是基础

我们都知道,单一的饮食结构无法满足人的身体需要,人体需要摄入各种营养才能确保能量充足,从而拥有强大的身体力。同样地,一个人在面对复杂的情势或环境变化时,要想拥有强大的应变力,也需要多种知识营养的滋养。随着科技、网络的迅猛发展,单一的知识结构已不足以支撑我们的发展需要,我们只有在具备特定专长的基础上,广泛涉猎各个方面的知识,形成多元知识结构,实现"专"与"博"的结合,才能适应多元社会的发展。因此,只有不断学习新知识,加快知识更新,优化自身的知识结构,将知识的多元性转化为思维的多元性,才能保持思维的灵动,应对各种外部环境的挑战。

(二)成熟的个性

人,必须应对各种各样的环境,如同事间、同学间、夫妻间;与上司、与朋友、与家人……每个情境下需要采取的应对方式都不同。因此,除了要有多元的知识结构之外,我们还需要有成熟的人格来迅速调整并适应这些复杂多变的环境。人格的概念源于拉丁语"Persona",原来是指演员在舞台上戴的面具,类似于中国京剧中的脸谱,后来心理学借用这个术语用来说明:在人生的大舞台上,人也会根据社会角色的不同来更换面具,这些面具就是人格的外在表现。面具后面还有一个实实在在的真我,即真实的自我,它可能和外在的面具截然不同。

被称为"人格研究界第一人"的心理学家奥尔波特,在《人格形态与成长》中提出,成熟人格的六要素包括:自我意识的扩大、和他人的密切联系、情绪的安定(自我包容)、具有对现实的知觉技能、自视客观——洞察和幽默、统一的人生哲学。具备成熟人格的个体,能够紧贴行为目标做出果断的决策,并在与目标一致的行为激活和抑制之间灵活转换,能屈能伸,善于采取果断性、自觉性和修正性的行为,较少冲动、固执或无意义的行为。另外,成熟人格的获得需要不断在各种挑战中培养自己的意志品质和行动力。

(三)灵活的认知方式

当我们处理日常的重复工作时,因为处理方式有据可循,可以套用现有的知识结构进行处理,但是在现实生活中,我们可能会遇到各种各样新的问题,这就需要我们在整合原有认知结构的基础上,创造性地建构新的解决方案从容应对,有时候甚至会遇到一些突发情况需要我们在短时间内迅速做出判断、采取行动,这也需要我们具有灵活的认知方式。所谓认知方式就是我们看待事物的方式,面对同一件事物,不同的人对其看法不同,"横看成岭侧成峰"就是讲的认知的差异,而灵活的认知方式是个体自由改变认知以应对不同刺激或变化的能力,是人类智力的一个重要的特征。认知的灵活性表现在认识事物的全面性(非片面性)、动态性(非静止性)、整合性(非孤立性)。具备灵活认知方式的个体具有较高的问题解决能力和人际交往能力,作为一种高级认知功能的特性,灵活的认知方式更多来源于教育、经验和社会文化中获得的丰富常识和逻辑思维。

(四)自我情绪调节

情绪调节是指在面对情绪刺激时,围绕着情绪反应的一种自适应的变化。情绪调节能力高的个体在面对情绪刺激时,能够立刻引起相应的情绪变化,情感丰富而富于变化,表达顺畅,并与情绪刺激相称;情绪调节能力低的个体则阻止了对情绪刺激的适应性的反应,情感不稳定、不协调,情绪表达不顺畅,且与情绪刺激不相称。情绪调节能力的发展与个体的情绪经验有关,如果个体的情绪(尤其是早年情绪)在与环境互动的过程中是被接纳的、被确认的,那么个体能够更加自然而协调地表达和疏导情绪。另外,灵活的认知方式也是情绪调节能力的重要基础。

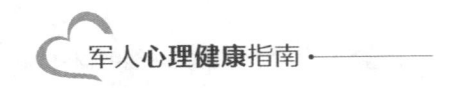

三、如何提升应变力

应变力是在人们不断与外界环境交互并解决各种挑战的过程中产生的，可以通过强化学习得到增强，因此应变力是一种可以锻炼的能力，既可以在日常生活的经验中获得，也可以通过接受科学的教育、训练而获得，从认知、情绪、动机、行为的灵活性入手，结合职业的具体需求，有针对性地提升。

（一）合理认知训练提升认知灵活性

认知灵活性要求我们具备较丰富全面的知识体系、有认识问题辩证发展的眼光和建立事物普遍联系的思维能力。从广义上看任何的教育都有助于培养认知的灵活性，但从狭义的心理学角度看，则可以结合军事作业环境的认知需求，开展有针对性的心理教育、训练以及咨询来提升军人在面对军事挑战或危机时的认知灵活性。具体来讲，当我们遇到问题时，可以练习与自己的固有认知进行对话或辩驳，发现不同认识问题角度的合理性与局限性，以纠正自己狭隘的认知模式。还可以通过行为塑造的方法，积极尝试新认知方式并在生活中实践与这种认知对应的行为，如果这种行为实践导向积极的反馈（带来好处），就能扩展我们的认知空间。

如你手头上有许多重要的工作，你的领导又交给你一项任务，而你没有多余的时间，你如何处理这件事情？我们不如换个角度去想：这可能是领导一时疏忽，忘记了我有许多重要的工作，或者是人手实在少，没办法才交给我的，正确看待，不心存怨言，觉得是领导在给我穿小鞋。如果可能的话，在给领导处理新任务的时候，首先调整手头上的工作，加快工作进度，看看是否可以挤出时间完成，如果加班可以解决的话，就加班。实在不行的话，向领导说明情况，向领导解释手头工作的重要性，如果手头的工作不急，能第二天做最好。如果不行问领导，这项任务是否急着要办，如是，而且由我来做最合适，那就请领导协调，将我手头上的许多重要工作交由其他人承办。如不是，告诉领导，我要等手头重要工作做完才能着手去做。这样一来，既缓解了我们的内心冲突，又能更游刃有余地完成工作。

(二)情绪觉察、表达和调节训练提升情绪灵活性

情绪灵活性强调个体情绪反应与情绪刺激之间协调一致,保持在一个相对稳定的状态,在情绪表达上顺畅而不压抑,流动而不极端。情绪的灵活性与个体情绪与刺激之间建立的条件反射有关。提升情绪灵活性可通过培养认知灵活性、提升情绪感受性和觉察能力、学习积极健康的情绪表达、学会主动调节情绪等,减少泛化的情绪体验,建构更加分化灵活的情感反应。

如你们宿舍一位战友手机不见了,结果在你的枕头下发现,你完全不知道是怎么回事,但战友一口咬定是你偷拿的,你会怎么办?遇到这种情况,首先要冷静,切忌肝火上升,与战友吵架、甚至打架。所谓"身正不怕影子歪",但在这种百口莫辩的境况下,一切申辩都会很苍白。所以,你可以对战友说你相信这是场误会,你愿意同他去保卫部门将事情弄个水落石出,也还自己一个清白。如果战友不听你的解释,你就静观其变,了解他为什么这么确定手机是你偷拿的,他的理由是什么。然后根据他的理由逐条寻找证明自己清白的证据,如让其他战友证明你不在场等。如果对方出现强烈的愤怒情绪,可以跟他说:我理解你的东西被人偷走,很生气,但是目前事情还没有弄清楚,如果事情真的如你所说是我偷拿的,那你怎么冲我发脾气我都可以接受。如果仍然无法自证清白,我会主动上报单位领导,请求组织介入解决问题。

(三)内在对话提升动机灵活性

一是要学习处理内在动机冲突,具体过程为辨别动机冲突、外化动机冲突、完成冲突和解。首先将内在的动机冲突通过书面形式、自我对话等方式进行外化,然后促成冲突各方的有效交流以达成和解。但在军事作业环境下,面对动机冲突的时候,更重要的是去觉察和抑制那些对战斗力生成产生阻碍的动机,做出更有利于军事作业效能最大化的决策。二是要培养自我激励的能力,注入面对困难的决心和勇气,增强行为动机。从长期发展来看,自我激励的基础是面对挑战的自信心,而这种自信心需要在不断面对困难并克服困难的经验中获得。因此,在日常训练管理中,我们要学会为自己不断设置一个个经过努力可以完成的小目标,在不断自我超越的过程中培养自己克服困难的自信心和不断进步的动机。

(四)行为塑造训练提升行为灵活性

行为灵活性,尤其是反应和动作的灵活性,在运动竞技领域多有研究。在竞技实战中,拼搏激烈,节奏快,变化多,动作间的转化在刹那间完成,没有时间来考虑应急的对策与方法,完全依赖于个体在长期训练中形成的技战术动力定型和快速的反应,针对临场情势,将技战术动作在瞬间依照顺序以连锁反应的形式充分表现出来。因此,要培养快速果断且随机应变的行为反应,我们可借鉴运动领域的训练策略,针对一些需要快速反应的行动(如实弹射击、战伤救护等)进行大量重复的练习,形成一种自动化反应。而行动的自觉性和目标感等可以通过自我认知训练、心灵成长训练等心理训练项目进行培养,以及培养认知、情绪、动机等各种心理过程的整合和协调来获得。主要包括以下几个方面。

一是应对形势变化或者突发情况时能够迅速认清现实(如认清并接受自己被敌人俘虏的现实)并对形势做出全面的分析(认真观察和分析目前形势的优劣以及可用资源)和动态的预测(目前的状况最可能向什么方向发展)。

二是能够积极健康地表达情绪(在合适的事件场合宣泄或表达自己的情绪),快速转换情绪(不让自己沉浸在负面情绪中太久),并将情绪转变为可利用的资源(化悲痛为力量、破釜沉舟)。

三是能敏锐觉察并抑制阻碍战斗力生成的自我动机(如:贪生怕死、个人英雄主义、与战友争强好胜),强化那些确保军事作业效能最大化的动机(如:保家卫国、团结一致、杀敌制胜),并进行自我激励(相信自己可以克服困难),以做出最有利的决策和行动计划。

四是在深思熟虑的基础上采取果断大胆的行动(行动迅速坚决),按照目标计划稳步推进的行动力(有条不紊),并能够根据情势及时修正行动(制定B计划或随机应变)。

想象在一次战斗任务中,你被迫从飞机上跳伞,当你从昏迷中醒来时,发现自己身处一片荒漠之中,周围几乎没有植被和水,眼看天马上就要黑了,你感觉自己又累又饿又困,身上还有好几处外伤在流血,你会怎么做?首先,我们可以观察周围的环境,看自己是否还身处危险之中,如果不能确保环境安全,首先要努力把自己转移到有遮挡的相对安全的地方。然后,评估一下自己的身体状况,看伤到了哪里,是否需要一些紧急的救治措施,如果需要,我们可以充分利用环境中的物资给自己进行战伤自救,确保自己的生命安全。接下来,我们可以花一点儿时间确定自己的位置,另外看一看有没有可能寻求到援助,如果能够和组织取得联系当然是最好。但我们不能在这件事上花很长时间,因为天快要黑了,当务之急是寻求安全的庇护所,保持自己的体温,看是否能找到水和食物。

综上所述,认知、情绪、动机、行为的灵活性构成了应变力的不同侧面,而这些不同侧面又是环环相扣、相互影响的关系。因此,既可以分别从这些不同的侧面开展有针对性的教育训练,也可以在任务状态下开展全方位的锻炼,以提升应变力。

四、应变力的自我评估

军人应变力量表

亲爱的战友:

请认真阅读每句话,然后根据该句话与您的实际情况相符合的程度,在您认为最符合的数字上画"√"。数字代表的意思如下:1—从来不,2—很少,3—有时,4—经常,5—一直如此。

每个题只能选一个答案。

本测验没有时间限制,但对测试题不必过多考虑,如实作答就可以了。

请务必回答每个问题,不要有遗漏。

条目	从来不	很少	有时	经常	一直如此
1.即使规章制度与我的某些想法不一致,我也能很快接受并遵照执行	1	2	3	4	5
2.面对突然的变化我能看得开	1	2	3	4	5
3.我能从不好的事情中发现积极的方面	1	2	3	4	5
4.我能处理自己的负面情绪	1	2	3	4	5

续表

条目	从来不	很少	有时	经常	一直如此
5.我能保持心平气和	1	2	3	4	5
6.即使情绪很差我也能把工作做好	1	2	3	4	5
7.我从不纠结	1	2	3	4	5
8.我会根据生活状况的改变来调整自己的生活习惯	1	2	3	4	5
9.我会给自己打气	1	2	3	4	5
10.当工作岗位发生变化时,我能较快进入新的角色	1	2	3	4	5
11.一旦做了决定我就会立刻行动	1	2	3	4	5
12.当事情受到阻碍时,我会改变方向继续努力	1	2	3	4	5

【结果说明】

评分说明:评分等级为高,说明具有较高的应变能力;评分等级为中,说明具有中等水平的应变能力;评分等级为低,则要求我们从认知、情绪、动机、行为的灵活性不同的侧面开展有针对性的教育训练,也可以在任务状态下开展全方位的锻炼,以提升应变力。

等级	得分
高	44
中	28—44
低	<28

第二篇 军人心理健康能力提升

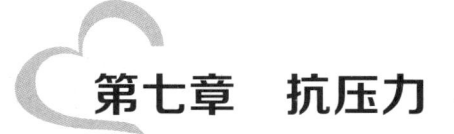

第七章 抗压力

> "天将降大任于是人也,必先苦其心志,劳其筋骨,饿其体肤,空乏其身,行拂乱其所为,所以动心忍性,曾益其所不能。"
>
> ——孟子

在《史记·项羽本纪》中有这样一段话:"项羽已杀卿子冠军,威震楚国,名闻诸侯。乃遣当阳君、蒲将军将卒二万渡河,救巨鹿。战少利,陈馀复请兵。项羽乃悉引兵渡河,皆沉船,破釜甑,烧庐舍,持三日粮,以示士卒必死,无一还心。于是至则围王离,与秦军遇,九战,绝其甬道,大破之,杀苏角,虏王离。涉间不降楚,自烧杀。"这描述的是历史上有名的巨鹿之战。在几十万秦军围堵巨鹿城下,诸侯联军止步不前时,项羽杀宋义,取得指挥权后,令两万大军破釜沉舟、烧掉帐篷房屋、只带三天的粮食快速渡河,直奔巨鹿,断秦军粮道,俘虏秦军首领王离,为诸侯联军做出了表率,最终取得了胜利。这次战役中,项羽在数十倍敌军面前,仍然能够分析形势,做出正确的抉择,这是具有强大抗压力的具体表现。项羽率领的部队在不胜则死的艰苦条件下,能够以一当十,越战越勇,这也需要强大的抗压力。

作为一名军人,我们都希望自己是一个具有较强抗压能力的人,一个越挫越勇、直面挑战的人,在战场上,即使面对艰苦的军事环境、长时间的睡眠剥夺、时刻的生命威胁等情况,也能够"士风劲勇,所向无敌"。但是在困难、挫折、创伤面前,我们如何让自己避免一蹶不振,反而越战越勇呢?换句话说,你对自己的抗压能力了解多少呢?如何增强自己的抗压能力呢?希望你在这一章中能够找到答案。

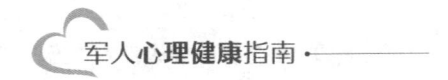

一、什么是抗压力

抗压力是指抵抗压力的能力,也是管理压力的能力。心理学上"心理弹性"的概念与之类似,但是作为军人心理健康能力之一,"抗压力"可能更能体现军人的职业特点与强军要求。压力对于每个人都是不可避免的,有真实存在的压力,也有大脑中幻想的压力;有可以处理的压力,也有处理不了的压力。作为军人更是如此,而且压力来源更多,压力强度更大,更不受我们主观控制。因此,培养提升我们的抗压力就显得更为重要。抗压力不是要我们否认压力的存在,逃避压力带来的后果,而是要承认压力的存在,用积极的心态看待压力,寻求多种方法解决能解决的压力,适应不能解决的压力,让我们的情绪与行为保持在一个合理的反应区间,不至于出现心理与身体上的疾病,让压力成为促进我们成长的动力。

要理解抗压力的概念,我们首先要知道什么是压力。压力最早是来源于物理学上的术语,指施加于物体表面的作用力。而今对压力的定义为:个体觉知(真实存在或想象中的)对自身心理、生理、情绪及精神的威胁时的体验,以及所导致的一系列生理反应及适应。而作为军人心理健康能力之一的抗压力,主要是指能够管控自己压力的能力,即使在困难、挫折、创伤以及长期高压力的情况下,也能让自己保持身心和谐、情绪稳定以及较高的军事作业能力。压力有正负性之分。正性压力是一种良好的压力,能够令我们身心愉悦,奋发向上,如领导的鼓励。负性压力,是指不好的压力,即损害我们的身心健康、降低我们军事作业绩效的压力。也就是说,抗压力作为一种能力,主要是对我们的负性压力进行调控,将我们的负性压力转变成正性压力,从而促进我们更好地完成各项军事任务。

军人作为一个特殊的群体,压力可以来源于特殊军事环境,如严寒、酷暑、高海拔等;可以来源于高强度的军事训练;可以来源于日常工作环境;也可以来源于各种军事与非军事行动中的事态发展不确定性、睡眠剥夺、生命威胁等情况。如果没有良好的抗压力,就会损害我们的身心健康。在长期的应激情况下,抗压力不足在生理上表现为"战或逃"反应,如心跳加快、呼吸频率增加、瞳孔放大、手心出汗等;在心理上表现为紧张、焦虑、抑郁、强迫、易怒、失眠等。抗压力不足损害官兵的身心健康,降低官兵的军事作业绩效。一个军人只有具有较强的抗压力,即有效管理自己的负性压力,才能发挥出最高的作战能力,从而为各项军事任务的完成奠定基础。

二、抗压力是怎样形成的

目前认为抗压力来源于人们对压力的调控能力,如果一个人善于调控自己的压力,其抗压力就强;反之,如果一个人不善于调控自己的压力,其抗压力就弱。那么,军人的抗压力是怎么形成的呢? 主要有以下几个方面。

(一)抗压力与先天神经特性有关

我们人脑中有一个与压力有关的区域,被称为边缘系统。负性压力环境会对人产生一种刺激,这种刺激可以激活大脑中的边缘系统,边缘系统通过三条通路,使人体产生与压力有关的一系列生理反应,个人也会因此做出一些情绪和行为上的反应。这三条通路因起效时间不同分别产生压力的即刻效应、中间效应和延迟效应。我们可以用以下故事来形象说明这三条通路。假设你是一名哨兵,在一次巡逻任务中,你发现了敌方侵扰的痕迹,你可以通过几种方式上报情况。第一种是,你佩戴有远程摄像头,后方可以直接看到你发现的情况,这种方式是最快的,这就像压力反应的即刻效应。第二种是,你可以打电话汇报,这可能需要几分钟,相当于压力反应的中间效应。第三种是,你也可以跑回去再汇报情况,因为路程遥远,耗时最长,相当于压力反应的延迟效应。抗压力强的人,其负性压力环境能够较少地激活边缘系统,从而产生较少的压力反应。相反,抗压力弱的人,其负性压力环境越能够激活边缘系统,从而产生更强的压力反应。当然,在这些通路中,还涉及一连串体内激素的变化,其中最重要的就是压力激素——皮质醇,它在压力反应的中间效应和延迟效应中具有重要作用。

(二)抗压力与人格有关

为什么在同一个困境面前,有的人极度焦虑、抑郁,甚至一蹶不振,而有的人坚韧不拔,越挫越勇?它们的区别在于:抗压力强的人具有一些特殊的人格特质。人格是指一个人认知、情绪、意志、行为等的整合体,具有相对的稳定性和倾向性。与抗压力有关的人格类型被称为压力耐受性人格,包括坚韧人格、幸存者人格、R型人格。如果一个军人被视为坚韧人格,那么他会表现出三个主要的特质:①承诺,对自己、对家庭、对部队的贡献,承诺是意志力的直接反映;②控制,在遇见困难时,拥有通过自身努力来改变事件的信念;③挑战,将困难视为学习成长的机会。如果一个军人被视为幸存者人格,那么无论环境好坏,他都能欣然接纳,并以乐观的心态,创造性地解决所出现的问题。如果一个军人被视为R型人格,那么他具有冒险精神,痴迷于在极端环境中挑战自己。也就是说,一个军人如果具有压力耐受性人格中的特质越多,那么他的抗压力就越强,反之,则相对较弱。此外,不管人格类型如何,自尊水平是应对压力的一个重要因素。如果一个军人感觉自己没有价值或者自我价值很低时,那么他就更容易感受到压力的攻击,即抗压力较低;相反,如果一个军人具有高自尊时,那么问题、忧虑、困扰就更容易被忽略,即抗压力较强。

值得注意的是,压力耐受性人格虽然是天生的,但行为主义为我们提供了行为改变的基础。行为矫正就是要意识到目前我们具有的不健康行为,并产生非常强烈的渴望改变的意愿,然后进行发散思维,找到一个可以代替原来不健康行为的新行为,并付诸行动。最后评估自己的执行情况,并找出执行原因。例如吸烟的人意识到吸烟是有害健康的,并产生了戒烟的想法,然后进行发散思维,用咀嚼口香糖来代替吸烟,想抽烟的时候就咀嚼口香糖,最后评估自己的执行情况,什么时候想抽烟的时候,用咀嚼口香糖代替了,其原因是什么?

行为改变、习惯养成不是短时间能够做到的,也不是一步登天的。它需要一点一点地日积月累。心理学上有个著名的实验,后来称之为"登门槛效应"。讲的是为了放一个又大又不美观的牌子在别人的庭院里,在放之前先请求放一个美观的小牌子在他们的窗户上。结果显示,先同意放了小牌子的更容易同意放大牌子。行为改变也是如此,最好是一次仅改变一个不健康的行为。

(三)抗压力与情绪管理有关

在战场上,面对战友的牺牲,有的人因愤怒而奋勇杀敌,有的人因愤怒而心跳加速、肌肉紧张,甚至进入"木僵"状态;面对未知的战场态势、时刻的生命威胁,有的人虽然恐惧,但应对自如,而有的人因恐惧而自残,逃出战场。可见,情绪管理对应对压力、提升战斗力具有重要作用。当遭遇压力时,我们身体的多个系统被激活,就像报警器一样响起,处于警戒备战状态。除了出现肌肉紧张、呼吸加速、心跳加快、血压升高、头痛、胃痛等生理反应外,还会出现兴奋、愤怒、恐惧、焦虑、抑郁、沮丧等情绪。如果我们的这些情绪得不到及时有效的管理,超过我们的抗压能力,那么我们的身心健康将遭到损害。如易愤怒的A型人格可能增加患冠心病的风险,而易抑郁的D型人格也更容易出现在慢性病的人群中。《黄帝内经》中也记载着:"怒伤肝、喜伤心、忧伤肺、思伤脾、恐伤肾。"换句话说就是,如果一个军人对自己情绪的管理能力越强,其抗压力就越强;反之,如果一个军人对自己情绪的管理能力越弱,其抗压力就弱。此外,愤怒是与压力有关的主要情绪之一。处理愤怒有一些小技巧和策略。如暂离现场、停下来深呼吸、从1数到5、换个角度看问题、放松练习以及行为矫正等。与压力有关的另一种主要情绪是恐惧。应对恐惧的最好方法是系统脱敏练习,这个需要在医生的指导下进行。

三、如何提升抗压力

抗压力作为军人心理健康能力中的重要因素,无论是在战场上保持战斗力,还是在日常军事训练中提高军事绩效,都发挥着至关重要的作用。那么,作为一名军人,该如何增强自己的抗压力呢?研究认为:压力与工作绩效呈倒U型关系(如图7-1所示)。当压力较低时,正性压力越大,工作绩效越高;当压力较大时,负性压力越大,工作绩效越低。也就是说,正性压力促进工作绩效的提升,而负性压力降低工作绩效。当正性压力转变为负性压力的临界点时,工作绩效最高。而我们压力管理的目的就是在降低生理唤醒水平的同时,促进临界点的右移。因此抗压力的提升可以从两个方面进行,一是掌握一定的策略和放松技巧降低我们面对压力时的生理反应;二是提升压力的耐受性,即临界点(使工作绩效最高的压力水平)保持在较高水平,如培养高自尊和压力耐受性人格。因此,对于军人来说,可以从以下几个方面增强我们的抗压力。

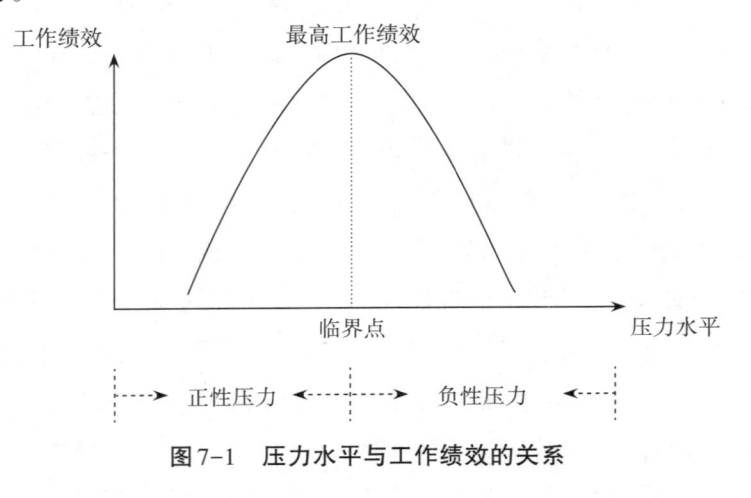

图7-1 压力水平与工作绩效的关系

(一)充满希望:培养人生中有意义的目标

在困难与挫折面前,目标和希望能够帮助人们忍受磨难,采取成功策略来帮助自己渡过难关,并取得积极结果。就像越王勾践能够卧薪尝胆十年而吞并吴国,韩信能够忍受胯下之辱而成为汉代著名的军事家,均是因为他们清楚自己的目标,而清晰的目标让他们在困难与挫折面前,仍然怀有憧憬与希望,从而能够忍受非常人能够承受的折磨与苦难。个人目标就是你将到哪里去,你将实现什么,其意义在于给予人们充分发挥自己的潜能。当我们遭遇困难或挫折时,常常问问自己:"发生了什么?""我的目标是什么?""既然发生了,我现在需要做什么?"

然而如何充满希望呢?我们可以给自己制订一个大目标,然后再把大目标划分为众多的小目标,每次实现一个小目标,一个自己蹦一蹦就能达到的小目标。这就好比,3个月后你要参加5000米跑考核,5000米跑的及格成绩是23分30秒,而你目前的成绩是26分30秒,也就是说你的大目标是三个月内将你5000米跑的成绩提高3分钟。该如何划分你的目标呢?你可以这样计划:将大目标划分为三个小目标,即每个月将5000米跑的成绩提高1分钟,如果你觉得一个月将成绩提高一分钟太难,你还可以将小目标根据你的实际情况再细化成更小的目标。总之,大目标太远,而我们触手可及的小目标,才是我们在困难与挫折面前保持抗压力的动力源泉。

(二)充满阳光:乐观积极的人生态度

心若向阳,春暖花开。充满阳光就是让我们在困难与挫折面前不怨不悔,保持乐观积极的心态。瞿秋白说:"如果一个人是乐观的,一切都有抵抗,一切都能抵抗,一切都会增强抵抗力。"因此,乐观积极的人生态度有助于帮助创造积极的抗压力。那么作为一名军人,该如何拥有乐观积极的心态呢?

乐观的心态就是让我们把注意力从事物的消极面转换到事物的积极面,从而把精力用在可控制的事情上。比如,有的人看到了播种的辛苦,有的人看到了开花结果的愉悦;有的人因下雨天出门不便而苦恼,有的人因缓解了干旱而开心;有的人抱怨当兵的辛苦,有的人享受做军人的荣耀。培养乐观积极的人生态度可以参照下面的方法进行。第一,要知道自己的压力来源是什么。这种压力给自己带来的是积极的还是消极的情绪变化。第二,对情境的重评。再一次对压力源及自己的情绪进行评价,确认哪些因素是自己可以改变的,哪些是自己不能改变而必须接受的。第三,采纳及替换。这是最困难的一步,因为我们很难去改变我们的习惯性思维。但是当一个积极的评价出现,我们就必须马上采纳并替换之前消极的评价,并不断加以练习与巩固。第四,评估。要看看我们新的态度有没有什么效果,当然,刚开始肯定不明显,我们就回到第二步再重新开始,不断地练习。例如训练时我们磨破了手。第一步,我们要知道我们感到了疼痛和心烦;第二步,我们要再次评估,已经受伤的手是不能改变的,但是我们可以去消毒包扎伤口,可以不去埋怨自己与别人;第三步,我们可以将注意力转向训练后自己的成长,再想想当兵哪有不受伤的道理,也许心情就平静了许多,甚至想到这是为保护家人与国家而受的伤,可能连疼痛都能缓解一些;第四步,我们再回头评估一下自己的内心,那种心烦的感觉还强不强烈。

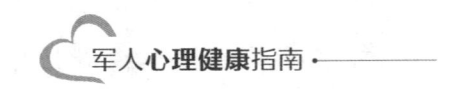

(三)充满智慧:创造性解决问题

自古以来,优秀的军人在压力和逆境面前都是专注于问题的解决,而非问题的本身。因为,压力总是以各种各样的问题与困扰出现,如果这个问题与困扰能够被完美解决,那么这个压力就会被忽略。也就是说,如果一个军人创造性解决问题的能力越强,其抗压力就强;反之,如果一个军人创造性解决问题的能力越弱,其抗压力就弱。创造性解决问题的步骤可以分为以下六步。

第一步,明确问题是什么。这是一个什么样的问题?这个问题的本质是什么?这里可能需要用到认知的灵活性。认知灵活性,也就是多个角度地看待问题、描述问题。比如我们常说的"宁折不弯"与"以柔克刚","盲人摸象"与"管中窥豹","退一步海阔天空"与"狭路相逢勇者胜",这些看似矛盾的"哲理",其实就是认知灵活性的体现。

第二步,明确要达到的目标。目标不同,我们采取的方法与策略也可能不同。比如面对同一个比武竞赛,有的人目标是锻炼自己,有的人目标是第一名,目标是锻炼自己的人可能做到尽力就好,而目标是第一名的人可能就必须付出十二分的努力。因此,在问题面前,我们必须明确我们的目标,想清楚要达到什么样的效果。

第三步,想法大爆炸,用思维导图的方法想出各种各样的解决方案。从A到B的路线有很多条,我们需要找出一支笔、一个本,写下你可能想到的各种方案,不管这个方案是对是错。当然你想到的方案越多,那么有效解决问题的机会就越大。

第四步,想法的选择与评估。不是每个想法都是有用的,你需要对每个想法的可行性、优点、缺点、能达到的效果进行评估。再根据自己的目的和实际情况选出最适合的想法,并在头脑中清晰呈现。

第五步,付诸行动。当你选择出了最优想法后,接下来就是想法的实施。想法实施可能需要勇气,尤其是在困难和挫折面前。勇气就是敢为敢当。比如荆轲刺秦王,比如长坂桥上张飞对曹操五千精骑怒吼:"吾乃燕人张翼德也,谁敢与我决一死战!"除了勇气,我们还需要信念。信念是指相信自己能够用行动来改变当前的困境。

第六步,分析与评价实施的效果。想法实施后,我们还需要对结果进行效果评价,即是否达到了我们的目标。成功与失败的原因是什么?我们要从中汲取经验与教训。这里需要我们对成败进行客观归因。导致一件事情发生的原因有两种:内因和外因。客观归因就是告诉我们要用辩证的思维去看待问题,既要从自己身上发现问题,也要从外部环境中发现问题。例如《论语·卫灵公》有云:"子曰:君子求诸己,小人求诸人。"《孟子·离娄上》写道:"行有不得者,皆反求诸己,其身正而天下归之。"这都是片面归因的表现。归因总结后,我们再选择想法B、想法C……依次执行,直到完全达到我们的目标。

(四)充满肯定:提升自尊心

自尊心是指个人因其具有自我价值而肯定自己、接纳自己。一个自尊心强的人不会因为自己某一方面的不擅长而全面否定自己,即使自己在困难和逆境面前表现不完美,也认为自己是一个有价值的人,是一个值得被尊重的人。高自尊是压力耐受性人格的核心。抗压力强的人,其自尊心也强;反之,抗压力弱的人,其自尊心也弱。提高自尊心有一些方法和策略,比如自我接纳,坦然面对负面评价;写出自己的优秀品质,常常给予肯定;让自己的兴趣多样化,即使在某一方面遭遇挫折,也能在其他领域里应付自如;当面对失败时,能够客观归因,汲取经验教训。

(五)充满幽默:让自己在不伤害自尊的情况下嘲笑自己

幽默是指一种对有趣和滑稽事物的感知,不是一种情绪,而是一种能引发快乐和幸福感觉或情绪的感知。幽默的人总能发现压力中的积极面,并利用这些积极的因素来解决压力,成长自己。幽默虽然是个外来词,但是我们中华文化也有幽默与乐观的传统,从先秦诸子散文,到《史记·滑稽列传》,再到《笑林广记》等,众多文学作品中都能看出我们的幽默基因。1946年6月,国民党反动派进攻中原解放区,全面内战爆发。1946年8月6日下午5时,毛主席在延安杨家岭接见了美国记者安娜·路易斯·斯特朗,第一次提出"一切反动派都是纸老虎"的论断。1973年,基辛格访问中国。在与毛主席谈话时,

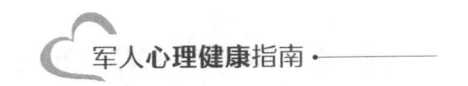

基辛格突然问道:"听说主席阁下正在学英语?"毛主席回答:"只会几个单词,如'papertiger'之类的。"在场的人开怀大笑。面对国民党反动派的进攻,面对美苏的虎视眈眈,主席都能以幽默乐观的心态看待,显示出巨大的抗压力。对于我们而言,可以利用以下几点来让自己充满幽默。比如不要将生活搞得过于严肃,每天都去发现幽默的事情,努力提高自己的想象力和创造力,多看书少玩手机、随时写下自己当下的想法或者诗句散文、与朋友分享好玩的事情或笑话、描述情境或者故事时学会"添油加醋"等。

(六)其他小技巧

提升抗压力的方法有很多,比如寻找社会支持:社会支持是一种应对技能,由亲人、朋友、战友、领导等提供的帮助可以缓冲和驱散压力带来的消极影响,提升我们的抗压力。其实不管是在文学影视作品中,还是在日常生活中,我们都可以深切感受到社会支持带来的好处,例如心情不好了找朋友聊聊天,遇到困难了找领导做一下思想汇报,成绩进步受到表扬,和家人一起分享,等等。因此,积极地寻求社会支持,或者自己主动向他人求助,也是提升抗压力的一种方式。

为了提升抗压力,我们可以培养自己拥有一颗好奇心。拥有一颗好奇心就是让自己喜欢探究未知的事物。在困难与挫折面前,正是好奇心帮助人们将注意力从已发生的事情转换到未发生的事情上,增强我们的抗压力。当面对难以应付的情景和挑战时,可以利用问自己几个问题增加好奇心,比如:"接下来会发生什么呢?""接下来会怎么样呢?""接下来会遇到什么情况呢?"

最后,我们可以提高我们的情绪管理能力来提升我们的抗压力,比如冥想与正念、渐进性肌肉放松、写日记、听音乐、运动等方法都可以缓解我们的压力。情绪管理能力的提升技巧将在后面章节中具体叙述,这里不做阐述。

此外,抗压力的提升不是短时间能够做到的,不可能一步登天,但只要坚持下去,我们总能看到进步,总能慢慢提升我们的抗压力,进而在今后的困难与挑战中寻找积极的方面,让压力变成动力,促进我们的成长与进步。

四、抗压力的自我评估

军人抗压力量表

亲爱的战友：

请认真阅读每句话，然后根据该句话与您的实际情况相符合的程度，在您认为最符合的数字上画"√"。数字代表的意思如下：1—从来不，2—很少，3—有时，4—经常，5—一直如此。

本测验没有时间限制，但对测试题不必过多考虑，如实作答就可以了。

请务必回答每个问题，不要有遗漏。

题 目	从来不	很少	有时	经常	一直如此
1.我觉得自己的言行会影响集体的发展	1	2	3	4	5
2.我觉得我个人的成败与我的战友息息相关	1	2	3	4	5
3.面对危机时，我常常感觉自己的潜能被激发了，表现比平时还要好	1	2	3	4	5
4.感觉恐惧时，我会努力把注意力拉回到当下的任务上	1	2	3	4	5
5.当我面对某种困难时，我能够回忆起面对类似困难并克服它们的时候	1	2	3	4	5
6.我认为个人目标应尽量与团队的目标相一致	1	2	3	4	5
7.当我感到极度疲劳时，我仍能让自己振奋起来	1	2	3	4	5
8.面对工作中突如其来的变故，我敢于打破原定方案，随机应变	1	2	3	4	5
9.在面临巨大压力的情况下，我也能淡定地做好手中的事	1	2	3	4	5
10.在压力下，我能够集中注意力并清晰思考	1	2	3	4	5

【结果说明】

抗压能力项目共10题，分值在10—50分。20分以下说明抗压能力很差，非常需要增加抗压能力；21—30分说明抗压能力较差，需要增强抗压能力；31—40分说明抗压能力一般，可以加强抗压力锻炼；41分以上说明抗压能力好，需要继续保持。分数越高，抗压能力越好。

第八章 镇定力

> "故一忍可以支百勇,一静可以制百动。兵有长短,敌我一也。"
>
> ——苏洵

镇定力作为军人心理健康能力之一,提出的时间不算太长,其内涵也还在不断充实。但是作为军人的一种心理健康能力,镇定力对我们的心理健康、对战斗力的生成却有着非常重要的作用。军人常常要处在各种应激环境当中,面临各种突发的状况或者长期的恶劣环境,镇定力能够帮助我们临危不乱甚至急中生智,在复杂环境下保持头脑的清醒,做出最合适的决策,克服不良的情绪。但影响镇定力的因素很多,个体差异也很大,也许有些人天生就不那么"镇定"。但是作为一种"能力",镇定力是可以通过训练慢慢提升的。北宋苏洵在《心术》一文中写道:"泰山崩于前而色不变,麋鹿兴于左而目不瞬,然后可以制利害,可以待敌。"在重大事件发生后,特别是在战场环境中,沉着冷静、拥有良好的镇定力,才是处理危机、克敌制胜的条件保证。

作为一名军人,我们都希望自己是一个镇定的人,一个临危不乱、从容不迫的人,在战场上能够"谈笑间,樯橹灰飞烟灭"的人。但是,在危急情况下我们是否能控制住自己的情绪,能够镇定下来不慌乱呢?或者说我们对自己的镇定力到底了解多少,该怎么增加我们的镇定力呢?希望大家能在这一章找到自己的答案。

一、什么是镇定力

镇定一般是指遇到紧急情况不慌乱。而作为军人心理健康能力之一的镇定力,是指冷静、镇定,能够掌控自己的情绪和情感,在恐惧、孤立无援、疲劳等情况下还能使自己的情绪保持稳定并进行思考和行动的能力。镇定力在日常情况下体现得不明显,而在情绪强烈的状态下才体现在对情绪的调控中。也就是说,镇定力作为一种能力,主要在危急时刻对我们的情绪进行调控,使我们能够保持情绪的稳定,从而理智地进行思考和行动。

军人作为一个特殊群体,生活、工作环境相对艰苦、封闭,需要执行各种经常性与突发性任务。在面对突发事件或意外刺激时,如果没有良好的镇定力,就容易出现各种紧张、冲动、慌乱,甚至逃跑、木僵等状况,造成严重甚至不可挽回的后果。在长期的应激情况下,镇定力不足在生理方面主要表现为注意力不集中,分析、判断能力减弱,感知和记忆力下降,重者还会出现头痛、心悸、睡眠障碍、肠道功能紊乱等;在心理方面主要表现为对外部事物不满、厌烦、忧虑、情绪不稳定、易激怒、争吵、攻击行为等。缺乏镇定力会损害军人的身心健康,恶化官兵关系,阻碍军事任务的完成。一个军人只有遇事保持镇定,不慌乱不逃避,克服恐惧,沉着应对,才能发挥自身原本的能力,给各项任务的顺利完成提供前提条件。

二、镇定力是怎样形成的

目前认为镇定力来源于人们对情绪的调控能力。如果一个人善于调控自己的情绪,其镇定力就强;相反,如果一个人不善于调控自己的情绪,其镇定力就相对较弱。那么,军人的镇定力是怎么形成的呢?主要有以下几个方面。

(一)大脑是镇定力形成的基础

我们人脑中有个核团叫丘脑,它是镇定力的控制中心。环境变化会对人体产生刺激,这种刺激产生的知觉会被传送到丘脑,丘脑对其进行加工后传到大脑皮质产生情绪体验,同时丘脑又通过激活内脏和骨骼肌产生外围的一系列生理变化，个体也会因此而采取一系列行为活动，综合体现为镇定力。另外镇定力的强弱与身体发育，尤其是神经系统的发育成熟程度密切相关。情绪的成熟大约在23岁，所以一般年长的军人比年轻的军人具有更强的镇定力。一些神经递质也参与了镇定力的形成，例如：5-羟色胺、甲状腺激素、去甲肾上腺素、多巴胺等。此外，古希腊医生希波克拉底认为，人体内有四种体液，即血液、黏液、黄胆汁和黑胆汁，分别对应多血质、黏液质、胆汁质、抑郁质。不同的人体内占优势的体液不同。例如：胆汁质的军人黄胆汁占优势，这种军人攻击性强、易兴奋、不易约束、遇事容易冲动并产生莽撞行为，镇定力较弱。黏液质的军人黏液占优势，这种军人安静、坚定、有节制、遇事沉着冷静，镇定力较强。虽然体液学说缺乏科学依据，但这种分类方式却一直沿用至今。

(二) 对事物的认知评价是镇定力产生的关键

军人在经历某一事件后，对此事件的解释与评价、认知与信念，是其镇定力形成的关键。如果一个军人以积极正性的心态理性地分析问题，内心信服客观事实，其情感与行为将会与现实环境相协调，他的镇定力就比较强；如果一个军人以消极负性的心态感性地分析问题，内心抵触客观事实，其情感与行为将与现实环境相冲突，他的镇定力就比较弱。此外，人是有语言的动物，思维借助于语言进行，不断地用语言重复某种不合理信念时，将会减弱镇定力，因此语言的管理对镇定力的强弱也有显著影响。

(三) 镇定力通过学习而增强

我们每个人的镇定力并不完全是天生的，而是可以通过学习不断增强的。我们可能也见过身边的战友从遇事慌慌张张变得临危不惧，或者我们自己也正在这样转变。有些人确实天生就比较镇定，但更多的人需要通过后天的学习来增强镇定力。镇定力的学习过程一般分为四个步骤：第一，他人的镇定力引起学习者的注意；第二，学习者对他人的镇定力保持在记忆中以便必要时再现；第三，学习者将他人的镇定力纳入自己的行为之中并和自己的特点相结合;第四,学习者的镇定力经过不断强化后保持稳定的形态。这种学习可以是主动的,也可以是被动的。因此,如果一个军人的战友或领导具有较强的镇定力,他就会在潜移默化中受到影响,从而强化其自身的镇定力。相反,如果一个军人的战友或领导情绪不稳定,遇事容易出现偏激行为,长此以往这个军人的镇定力也会被弱化。

三、如何提升镇定力

古今中外,优秀的军人面对危险都是沉着冷静、临危不惧的形象。镇定力一直都是军人心理健康能力中的核心要素。就像蔺相如从秦国"完璧归赵"、谢安在淝水之战中以少胜多,都是在面对威胁时首先能镇定自如,而后随机应变。那么作为一名军人,应该如何提升自己的镇定力呢？镇定力的提升不是一步到位的,而是在日常情绪管理中慢慢培养与磨炼的。平时遇事冷静的人,在危险关头往往也能镇定自若;平时胆小怕事的人,遇到紧急情况就可能退缩不前,甚至"呆若木鸡";平时就冲动莽撞、喜怒无常的人,遇到紧急情况就更可能慌不择路,做出错误的决策。因此,镇定力的提升要从学会管理情绪开始。管理我们的情绪,是指不要说出让自己后悔的话,不要做出后悔的事;管理我们的情绪,就是让我们平静下来,用冷静的大脑分析情况,采取合理的措施。

(一)锻炼专注力

专注力的锻炼可以帮助我们减少情绪反应,让我们不易被情绪所左右。锻炼专注力的方法很多,下面我们为大家介绍运用比较广的冥想法。冥想可以让我们更加专注于我们身体本身,而不是外部的干扰。

首先冥想的练习方式无所谓正确与错误,重要的是练习。可以在任何觉得合适的地方与时间进行练习,可以坐着、躺着、站着练习。如果愿意,可以闭上眼睛,如果不闭眼,可以选择一个固定的点来集中注意力。然后专注于自己的呼吸,尽量缓慢深长地呼吸,每次呼气和吸气结束时停顿1秒钟。吸气时自己的注意力集中于气体的流动,随着气流从鼻孔到咽部,再到喉咙,再到气管,再充满整个肺部,呼气时再相反进行。然后留意自己脑海中的任何想法,此时可能脑海中会有很多想法出现,不要对它们进行评价与干扰,只是让这些想法在你的脑海里经过,就像在天空飘过的云朵。然后再留意自己的感觉,无论自己当下的感觉如何,都不要进行判断或者改变,只需要观察,让感觉自来自去。然后留意自己身体的变化,可以从头到脚,也可以从脚到头,感受自己每一部分的感觉,是松弛还是紧张,是冷还是热,是敏感还是麻木?然后关注自己以外的环境,你听到了什么?听到最远的声音是什么?房间里有什么声音?体内有什么声音?你能听到自己的呼吸和心跳吗?最后回到对呼吸的关注,舒适自然地呼吸几次,轻轻地把注意力带回房间。整个练习时间两分钟左右。

(二)保持一颗平常心

我们经常劝别人要保持一颗平常心,但是这背后的原理是什么呢?认知行为疗法认为:情境产生认知,认知产生情绪。在这个理论中,情境是产生某种情绪的背景或前提。而决定个体产生何种情绪体验主要取决于认知(即观念)。在相同情境下,认知不同,情绪体验就不同;对我们来说,情境很多时候是不可避免的。在不可回避、不可改变的情境下,我们的情绪体验取决于我们的认知。正如"塞翁失马,焉知非福",有的人想到的是马丢了是财产损失,因此沮丧不开心。塞翁却认为是"祸兮福所倚",损失的背后也许有某种好处,因此就能心态平和。生活中也有许多这样的例子,就像被选中去参加比武竞赛,有的人觉得太累要吃苦,不愿意去,又担心拿不到好成绩回来被批评,心理负担很重;有的人又很开心,觉得能展示自己的实力,拿到名次还能优先立功受奖,为集体争光。专业的认知行为疗法的具体操作比较复杂,需要专业人员的指导与帮助,但是我们自己可以通过对其核心原理的了解,在日常生活中有意识地运用。通过改变自己的不合理认知观念,提高自己对情绪的控制能力,从而提升自己的镇定力。

(三)学会运用TIPP技术

什么是TIPP技术呢？TIPP的"T"表示"降低体温(Temperature)"，"I"表示"剧烈运动(Intense Exercise)"，两个"P"分别表示"有节奏地呼吸(Paced Breathing)"和"肌肉放松(Progressive Muscle Relaxation)"。该方法来自辩证行为疗法(DBT)，帮助个人管理困难情绪和有害行为。TIPP技术可以防止我们在情绪失控时做出冲动行为。强烈的情绪体验不仅对心理产生影响，还会对生理产生影响。同样地，通过一定的生理刺激，可以帮助身体在极端情况下减缓"战或逃"反应，让我们平静下来。

降低体温(T)：指用冷的东西让自己迅速冷静下来。当强烈的情绪所引起的感觉开始出现时，我们可以用冷水洗个脸或者把脸浸进去，或者把冰袋放在额头或眼睛上30秒。冰冷的感觉会触发潜水反射，会让人心率和呼吸减慢，让身体保存能量和氧气。我们可能在一些影视剧中也看到过一些类似的桥段，不过在实施过程中也要保护好自己，不要受伤。

剧烈运动(I)：为了给情绪在体内的聚集提供一个出口，我们可以通过对自己而言相对剧烈的运动，即使是很短暂的运动，释放出情绪带来的能量。同时，运动还会使人产生一种类似于鸦片作用的神经肽(β-内啡肽)，多种物质可以降低疼痛感，并使人心情愉悦。跑步、快走、开合跳、仰卧起坐等，都可以帮助缓解不良情绪引起的冲动行为。当然，所有的运动都是在身体状况允许的条件下，如果有伤病等情况，就不建议用运动的方法。

有节奏地呼吸(P)：控制性地进行深呼吸，呼气时间比吸气时间长，呼和吸之间短暂屏息。可以通过计数来练习有节奏的呼吸。比如，在4-4-8节拍下，吸气4个拍，屏息4个拍，呼气8个拍。当然也可以用自己感觉舒服合适的节奏进行，但一般呼气时间应长于吸气时间。有节奏地呼吸能减慢呼吸的频率和心率，让我们放松下来。

肌肉放松(P)：结合有节奏的呼吸，对肌肉进行紧绷与放松运动。吸气时，慢慢地深度拉伸拉紧身上的每一块肌肉，随着缓慢的呼气让肌肉慢慢放松下来。注意体会身体在紧绷和放松之前、之中和之后的感觉。

(四)学会阻断消极想法

通过把无济于事的愤怒替换为冷静的想法或说法,阻断消极想法的重复循环,这种技能可以帮助我们降低情绪爆发的冲动。我们可以通过重复与愤怒等意思相反的词或短语,如"和平""爱""就这样吧""保持冷静""一切都会过去的"等,尝试让消极的思维循环停下来。如果重复这些词语不管用的话,就重新评估。想想自己为什么这么生气,别人是故意的还是无意的等等,理性地思考刚才自动产生的愤怒的想法。此外,如果再想想让我们愤怒的事情所产生的实际后果或对我们的实际伤害,可能往往比自己预想的要小,愤怒的感觉又会减轻一点儿。如果此时愤怒的想法还在持续,那么可以试试主动或被动的分心技巧,分散自己的注意力。看看电影、听听音乐或者睡一会儿,去散步、跑步或者和战友聊聊其他的话题。

(五)其他的一些小技巧

提升镇定力、训练自己控制情绪的方法还有很多,比如练习宽恕。很多人开始变得冲动易怒,可能就是在某一次受伤害之后产生的。我们或许觉得去伤害那些伤害过自己的人,可以获得公平、实现报仇,是自己变得强大的表现。但其实,宽恕才是最强大的选择。宽恕可以给我们新的选择,可以让我们生活在更加现实的世界。宽恕是为了自己去宽恕,而不是他人。伤害过我们的人甚至不用知道我们已经宽恕了他,因为宽恕是我们和自己之间的事,与他人无关。

提升镇定力、训练自己控制情绪的方法也包括培养自尊心。尊重自己,就是知道自己会犯错,在危急情况下会紧张会想逃避,但是我仍然是个有价值的人,我不会因为以前的一点儿错误就否定自己的价值,在关键时候我就是最重要的那一个。我不完美,我也会犯错,我也会让人失望,但不管别人说什么,我都是值得被尊重的。

我们还可以通过写日记来提升镇定力。可以选择一支喜欢的笔,一个特别的本子。写日记时,自己要思考一下,我写在里面的内容想实现什么目的吗?这些事情在长远来看会不会影响我的生活?这些事情最理想的结果是什么?如果别人遇到这些事,我会给出什么建议?……也许某一天,当我们再翻看之前快要崩溃时所写的文字,又有另一番感触。

四、镇定力的自我评估

军人镇定力量表

亲爱的战友：

请认真阅读每句话，然后根据该句话与您的实际情况相符合的程度，在您认为最符合的数字上画"√"。数字代表的意思如下：1—从来不，2—很少，3—有时，4—经常，5——直如此。

每个题只能选一个答案。

本测验没有时间限制，但对测试题不必过多考虑，如实作答就可以了。

请务必回答每个问题，不要有遗漏。

题目	从来不	很少	有时	经常	一直如此
1.我能很快接受突如其来的变故	1	2	3	4	5
2.在强大压力下，我也能保持镇定	1	2	3	4	5
3.当我一个人执行危险任务时，我能够克服内心的孤独感	1	2	3	4	5
4.面对大家觉得很难的事情，我是敢于行动的那一个	1	2	3	4	5
5.我能做出不寻常的或艰难的决定	1	2	3	4	5
6.突然接到有生命危险的任务，我能立即展开行动	1	2	3	4	5
7.遇到意想不到的突发事件，我能够冷静应对	1	2	3	4	5
8.当我成为俘虏时，我会努力让自己冷静下来，静观其变	1	2	3	4	5

【结果说明】

镇定能力项目共8题，分值在8—40分。16分以下说明镇定力很差，非常需要增加镇定力；17—24分说明镇定力较差，需要增强镇定力；25—32分说明镇定力一般，可以加强镇定力锻炼；33分以上说明镇定力好，需要继续保持。分数越高，镇定力越好。

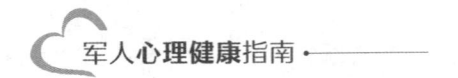

第九章 适应力

"最高明的处世术不是妥协,而是适应。"
——[德]吉姆梅尔

在社会千变万化、竞争日趋激烈的今天,"优胜劣汰,适者生存"的法则适用于我们每一个人。在人生曲折的道路上,我们时刻都会面临着各种各样的变化,生活不可能总是静如止水,有时也会出现波涛汹涌。初入军营时,我们会因为军队严格的管理、严酷的环境和激烈的竞争而遭遇挫折、失败。当挫折和失败发生时,我们面对的首要问题就是:学会适应。我们的人生、我们的军旅生涯,实际上就是一个不断适应的过程。我们的苦恼,大多都包含着不能适应的烦恼。适应力,即心理适应能力是指个体在环境中,以积极的行为使自己与环境保持协调一致从而获得心理平衡的能力。每个人的心理适应能力不同。心理适应能力强的人,能够以积极的心态主动调整自己的思维方式、行为方式,很快适应环境的变化。心理适应能力弱的人,不能从先前熟悉的环境中脱离出来,只能被动地接受环境的变化,从而在心理上产生紧张、焦虑等问题,出现适应上的困难。比如新兵入伍时,部分人不能从先前熟悉的地方生活中脱离出来,在面临恶劣的自然环境和艰苦的军训生活时,产生心理的烦恼和困惑,出现生活节奏跟不上、训练强度承受不了、人际关系不协调等适应问题,就是适应力弱的体现。

一、什么是适应力

关于适应力,我国近代思想家严复在对达尔文的"进化论"进行总结论述时提出了"物竞天择,适者生存"的观点。物竞,生物的生存竞争;天择,自然选择。它是自然界物种之间以及生物内部之间相互竞争,物种与自然之间的抗争,能适应自然者被选择存留下来的一种自然法则。生物间相互竞争,逐渐形成对环境的适应能力。适应也是我们人类社会中普遍存在的现象。我们生存的环境不是一成不变的,当环境发生变化时,我们就会主动或被动地改变自己,从而改进自身对环境的适应能力。人的生存与发展离不开生活环境,对生活环境的适应情况将影响人的生存和发展。心理学认为,人的一生就是一个不断适应周围环境以实现自身价值的过程。所谓适应生活,是指个体采取有效的、主动的行为使自己适应工作、学习进步、人际关系和谐,以实现自己需要的过程。

军旅生涯,实际上也是一个不断适应的过程,对军人来说,适应军营生活,就是要采取积极、主动的行为来适应高强度的军事训练、严格要求的纪律、多内容的学习等特殊的军营生活,以实现自己的人生理想和价值的过程。在军营中生活了一年就会发现,我们的生活方式、行为习惯、言谈举止、学习态度等都会在不知不觉中发生很大的变化。例如,有的战士原来在家的时候,连衣服都不会洗,但现在挖沟渠、堵洪水……什么苦、什么累都能挺住。这既可以说是军营生活在改造我们,也可以说是我们对军营生活的逐渐适应。

心理适应能力弱的人,不能从先前熟悉的生活中脱离出来,只能被动地接受生活的变化,从而在心理上产生紧张、焦虑等问题,出现适应上的困难。我们基于自己的知识水平、人格特点和价值观,在环境中形成不同的适应力。只有当我们遇到环境变化,能够主动积极地改变自己,并且在长时间的实践中自我调节和训练,形成稳定的适应环境的能力,才能形成较好的适应力。通过客观认识自我、增强自信,培养抗挫能力、提高承受力,做好自我调节、平衡心理等方法,我们可以对适应力进行有针对性的训练和提升。只有具有了较好的适应力,才能在高度集中、纪律严明、竞争激烈的军营中找到自己的位置,创造自己的价值,实现自我的发展。

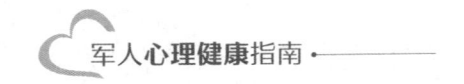

因此,适应力对军人的意义非同寻常,它是发挥军人价值的前提条件。它能够帮助我们更好地进行生理上、心理上以及行为上的各种改变,并与军营环境达到和谐状态。在面对失败和挫折的时候,能够指引我们向积极的方面调整,恢复学习、工作的能力,促进自身在各方面的发展,使我们与已经变化的军营环境达成新的平衡,最终实现自身在军营中的进步。

二、适应力是如何形成的

"军营是所大学校,艰苦是块磨刀石。"虽然军营生活在改造我们,我们也在适应着军营生活,但是并不是所有的人都能很好地适应。我们周围的战友,有的在军营里获得了前进的动力,有的却在军营里丧失奋斗的目标。这里的原因有两个:一是因为每个人的知识水平、理想、需要、动机、价值观、人生观不同,对环境的反应就不同;二是因为每个人的心理适应能力不同。

有的战友在面对恶劣的自然环境和艰苦的军训生活时,会在心理上产生心理的烦恼,一是因为事先没有对艰苦的军训生活做好心理准备,军营环境与他原来的需要和动机(在军营意气风发、表现自我、锻炼自我)产生了较大落差,对军营环境产生不适应。不过,这种适应问题一般会随着时间的推移而逐步改善。二是因为心理适应能力弱,只能被动地接受环境的变化,没有主动改变,从而在心理上产生紧张、焦虑等问题,出现适应上的困难。

现实生活中我们与环境的互动,在方向上看大体上有两种:一种是消极地承受,在这一过程中,个体认同、顺应了环境中的消极因素,压抑了自身的潜能,这种与环境的互动是退化,而不是发展。例如,人在遭受了挫折的环境下,采取消极的悲观态度等。另一种是主动地改变,积极调整自己身上与环境不适应的行为,增强个体在环境中的主动性、积极性,使自身得到发展。

然而,即便是与环境主动地互动,也并不表明我们就具有了较好的适应力。从心理学上讲,我们的心理在认识环境时大都具有一定的主观能动性,不是照镜子似的消极被动的反映。我们生活在环境中,通常都会想着以自己的行动去改变自己,或者改变环境,从而让自己与环境达到一个和谐状态,即形成适应状态。

一方面，由于我们每个人认识环境的特点不同，已有的知识经验、个性倾向性、需要、动机、理想、信念、世界观等不同，对同样环境的适应也不同。一般情况下，我们总是去追求需要的满足，在满足需要的过程中与环境发生调和作用，它是一种动态的、交互的、有弹性的历程。心理学认为，人类的适应与基本心理需求的满足有关。认可、支配、独立、保护、爱与情感是人的基本心理需求，个体内心存在冲突、缺乏能力、目标水平过高都会导致适应不良。例如，我们本来预想自己能够在军营很快地闯出一番天地，但是我们设立的目标与自身能力不相符，许多人对自己的能力估计过高，设立了不合实际的目标，于是很容易达不成目标，造成挫折，因而出现适应问题。这个时候，我们就产生了社会适应的需要，在我们个体与军营环境的积极互动中，改变自我，发展自我，实现自我的潜能。我们长期的需要和动机，形成了我们稳定的人格特质。心理学家认为，社会适应就是人格适应，人格适应是指个体稳定的行为倾向与社会环境互动过程之间的协调状态。人格健康的人，能够很快适应军营环境，积极有效地学习，完成军队的各项任务，处理好家庭、军营和社会中各种人际关系，在军营和社会中体现个人的价值和赢得相应的社会地位。人格适应不良的人，不能依据军营环境的要求改变自己，产生情绪上的困扰，导致工作、学习和生活上的一系列适应问题，从而可能产生心理障碍，如焦虑、抑郁和人际冲突等。这些人在活动中缺乏信心和责任感、遇事容易退缩，产生畏惧心理，对他人则容易发生攻击行为。个体的社会适应性行为与人格密切相关，人格是个体长期社会适应的结果，在人格与环境的互动中体现出来的，就是我们的适应力。

另一方面，同一个人在不同的生活时期或不同的环境中，表现出的心理状态也不同，同样也会产生不同的适应力表现。例如有些战士参军前对部队生活充满向往，渴望成为一名军人，然而来到军营后却认为部队生活单调、枯燥。从心理学的观点看，习惯于改变环境的人有自己本来的思考方式，碰到任何一件事情，都与自己以前所处的环境和经验进行对比，尝试了解，试图将新的环境以自己从前的思考方式进行解释，如果能够改变环境，则形成了新的平衡。然而，这种适应的平衡是不稳定的，因为环境时时刻刻都在变化，我

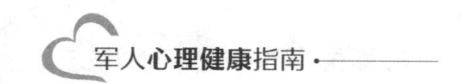

们不能要求每次都能顺利地改变环境。况且,军营这样一个高度集中、纪律严明的环境,是不太可能因为一名个体而发生改变的。因此,改变自己,努力使自己的状态符合已经变化的环境,才是我们应该做的。随着环境的多次变化,如果我们都能通过改变自己去适应环境,那么我们就具有了适应力。

三、如何提升适应力

我们在纷繁复杂、变化多端的大千世界里生活,在高度集中、纪律严明的军营中实现自我,会遇到多种环境及变化,因此,我们应当具有良好的适应力,无论现实环境有什么样的变化,都能适应,这也是心理健康的标志之一。作为一名军人,面对训练与作战压力,应该如何训练和提升自己的适应力呢?

(一)客观认识自我,增强自信

正确地认识自我就是对自己要有一个全面、客观的评价,了解自己不适应的表现和存在的差距,同时也要看到自己的潜力,在此基础上形成积极的自我观念,做到自尊、自爱,对自己始终充满自信。自我概念积极的人,知道自己的优缺点,并尽量扬长避短,不因别人的评价轻易改变自我概念,所以很快乐,很自信。自我概念消极的人,看不到自己的优点,总觉得自己不如人,经常自卑或妒忌别人,而且经常抱怨别人,或说"老天为什么对我这样不公平"。我们的军旅生涯乃至整个人生就是认识自我、自我发展的过程,那么我们应该怎样去认识自己呢?

1. 接受自我

要正确地认识自我,首先要接受自我。每个人都有自己的天赋,也有自己的客观环境。我们如果只看重天赋,那只是看到了事物的一半,而且是比较容易做到的一半。另一半就是自我的客观现实,它是通过学习、锻炼和争取的一半,是可以改变的一半。因此,首先要接受自我,才能改变自我,也才能达到自我实现。做到接受自我的方法如下。

(1)正确地对待自己的短处,不要一味地与别人的长处比较。

(2)正确地评价自己和别人,尺有所短,寸有所长,只要我们能够扬己之长、避己之短，发挥出自己的潜能，命运便在自己的掌握之中。

（3）注意体验积极的情绪情感，每个人的生活中都会经历各种各样的情绪情感，这些情绪情感有积极和消极之分。当我们经历积极情绪情感时，要注意主动体验，抓住积极情绪情感给我们带来的正性影响，促进对自我的接纳，增强自信心。

2. 克服自卑

要正确地认识自我，就要克服自卑的心理。著名的奥地利心理学家阿德勒认为，自卑感并不是什么坏的情感，或是变态的征兆。相反，它是人们在追求更加优越的社会地位和更加完美的人生过程中出现的必然心理反应。也有心理学家说："在自卑感的困扰中也可能磨砺出完美的人格。"这些都告诉我们，自卑并不是一个可怕的恶魔，关键是如何对待它。自卑者的典型心理：消极看问题、自怨自艾、意志消沉、多疑、高兴不起来、老是想扫兴的事、不愿改变。克服的方法如下。

（1）树立"天生我材必有用"的信念

心理学家罗伯特·安东尼曾说："你应将自己的每一条优点都列出来，以赞赏的眼光去看，经常看，最好背下来。通过集中注意于自己的优点，你将在心理上树立坚强的信念：你是一个有价值、有能力、与众不同、必定能够成功的人。无论什么时候，只要你做对一件事，就要采用各种方法酬谢自己（比如在自己的笔记本上给自己记一次'奖励'）。"

（2）告诉自己，我能行

"暗示"使我们的行为不知不觉地改变，使暗示信息变成现实。如果我们告诉自己，"我是一个勇敢的人"，我们就会充满力量；如果我们告诉自己"我是一个胆小的人"，于是身边一丝微小的声音都会令你感到恐慌。充分利用积极的暗示，你会发现，当你做某件事前，告诉自己："我能行"，"我是最棒的"，这些暗示会像"芝麻开门"的咒语那样灵验。

（3）榜样激励

想一想，你心目中最崇拜的人是谁？闭上眼睛在脑海中出现那个人的形象，然后想象自己变成了他（她）。再睁开你的眼睛，模仿你脑海中出现的那个人的模样说几句话或做几个动作。你会发现,自己身上某些东西开始发生了变化。看,你已经开始成为他(她)了。当你遇到困难不敢接受挑战的时候,请先在头脑中想象你最崇拜的人会怎样做,再想一想完成这件任务后的喜悦之情,这样做会鼓起心中的勇气,战胜自卑。

(二)培养抗挫能力,提高承受力

俗话说:"人生不如意事常十之八九。"一个人从出生到死亡,时时刻刻生活在矛盾和挫折之中,不可能时时称心,事事如意。军人也不可避免地会遇到这样或那样的挫折,出现种种心理问题。同时,完成现代条件下的训练、作战和其他任务要求青年官兵必须具备较高的心理素质和较强的抗挫折能力。应对挫折的能力是个体遭遇挫折后,对挫折进行直接的调整和转变,积极改善挫折情境、解脱挫折状态的能力。要提高应对挫折的能力,可以从以下三个方面着手。

1.保持正确态度

在现实生活中挫折是客观存在的。如果官兵对挫折缺乏正确的认识和必要的心理准备,一旦遭受挫折,就会惊慌失措,产生痛苦和绝望。如果树立了正确的挫折观,局面就会截然不同。怎样才能树立正确的挫折观呢?一是要辩证地认识和对待挫折。当遇到挫折时,我们如果把它作为磨炼自己的一次机会,用"自古英雄多磨难"去激励自己,那么,就一定能积极地面对它,顽强地战胜它。二是要对挫折进行正确分析,既要分析客观原因,如工作难度、集体氛围等;又要分析主观原因,如自己的文化素质、能力、意志品质、努力程度、方法是否正确等。在分析过程中要注意避免一些不良心理因素干扰,如固执、偏见等,力求全面、公正。只有这样,才能找到解决问题的正确方法。例如我们伟大的领袖毛泽东,在遵义会议后重新走到军事指挥的一线岗位,第一场战斗即遭遇到了"土城之战"的挫折。但毛泽东没有被这次挫折打倒,而是积极面对,分析原因,提出解决方案,因势利导,最终促成了"四渡赤水"的战争奇迹,跳出了敌人的包围圈,完成了一次经典的由失败走向胜利的战例。

2.提高承受能力

没有受过挫折的人往往脆弱,历尽挫折的人反而坚韧。大家看我们的开国元勋,哪一个不是历经各种磨难,经受各种挫折,始终以一种坚韧不拔、不屈不挠的精神对待事业、对待工作,才取得辉煌成就的。我军从建立开始,就是从一系列的挫折中摸爬滚打过来的。"八一"南昌起义打响后,朱德率领的一支部队负责掩护主力南下广东,在三河坝分兵阻击国民党军。当主力部队被打散,自己负责的掩护部队损失惨重之际,朱德承受住了巨大压力,为起义军队留下了宝贵的"火种",最终走上井冈山与毛泽东带领的同样经过无数次失败挫折的秋收起义队伍会师,成为"燎原大火"。实践证明,经历的挫折越多,承受能力也就越强,成功的希望也就越大。提高挫折容忍力的最佳方法就是实实在在地经受一些挫折。如在工作中主动接受一些难度较大的任务,增加挫折的压力感,以锻炼自己的受压能力;若其他官兵受到挫折时,也将自己摆进去,或视为自己的挫折,去体验受挫的感受,积累经验。若遇到自己难以忍受的失败时,为了不致被压垮,可在认识上把失败的后果看得轻一些,以降低一些心理压力,使挫折感小一些,进而顺利适应。经过多次这样的锻炼,只要善于总结经验教训,受挫折的承受能力一定会得到提高。

3.借鉴他人的成功做法

古今中外,凡是成功者,都有从挫折到成功的经历。数学家陈景润为了摘取"哥德巴赫猜想"这颗数学皇冠上的明珠,曾做了无数次运算,经受了千百次失败,终于创造出了"陈氏定理",震惊了世界数学界。苏联《钢铁是怎样炼成的》中的保尔克服挫折的精神和百折不挠的毅力,亦令人折服。这些英模的事迹告诉我们,遇到挫折并不可怕,可怕的是不能正确对待挫折和回避挫折,甚至在挫折中意志消沉、一蹶不振。

(三)做好自我调节,平衡心理

心理调节是通过正确的认识和评价个人所处的环境,尽力消除那些不愉快的心理刺激和生活事件,理智地接受非个人能力改变的现实,从而去良好地适应,并使情绪积极而稳定,保持自我意识良好,达到保持身心健康的目

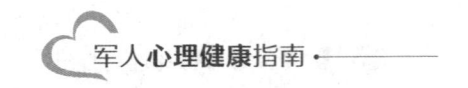

的。人们可以选择适合自己的方法来自我调节,常见的方法有以下几种。

1. 认知调节

面对同样的问题,从不同的角度去看,可能会产生不同的态度和想法。人之所以有情绪,是因为我们对事情做出了不同的解释,每件事情不同的人观点不同,则会产生不同的情绪反应。所以我们可以通过改变我们的认知来改变我们的情绪。比如,在为了某件事而烦躁时,可以对事情进行重新评价,从另外一个角度看问题,改变我们刻板地看问题的方式。如果有些引起情绪的问题我们既不能改变自己的观点又不能解决,就可以选择暂时避开这个问题,不去想它,待情绪稳定时,再去解决,而且有时候问题的解决方案会在从事其他事情时不经意地想出来。

2. 放松调节

放松调节是通过对身体各部分主要肌肉的系统放松练习,抑制伴随紧张而产生的血压升高、头痛、手脚冒汗、腹泻等生理反应,从而减轻心理上的压力和紧张焦虑情绪。放松调节首先要学会体验肌肉紧张时的感觉,即收缩肌肉群,注意体验其感觉;然后再放松肌肉群,注意体会相反的感觉。呼吸调节也是放松调节的一种。通过特定的呼吸方法来解除精神紧张、压抑、焦虑、急躁和疲劳。比如,紧张时,采用深呼吸的方法可减缓紧张感。

3. 想象调节

受挫心理调节能力并非要等到受挫后再来培养,而是在平时就要训练。想象调节法是指在想象中对现实生活中的挫折情境和使自己感到紧张、焦虑的事件的预演,学会在想象的情境中放松自己,并使之迁移,从而达到能在真实的挫折情境和紧张的场合下对付各种不良的情绪反应。想象调节的基本做法是:首先学会有效的放松;其次把挫折和紧张事件按紧张的等级由低到高排列出来,制成等级表;然后由低向高进行想象训练,就能达到情绪改善的效果。

4. 人际调节

人际环境是指在一定的范围内,人们因长期相处而逐渐形成的一种共同生活的群体环境。良好的人际环境就是与周围的人建立一种和谐的人际关系，使个体拥有充分的信心和轻松愉悦的感觉。要建立和谐的人际关系就要善于调整自己的认知和行为，在与人交往的时候，要有"宽厚善良"的心灵，要珍视战友情谊、助人为乐。那么怎样才能改变自己的人际环境呢？

(1) 制作名片，介绍自己，结交朋友

①用空白卡片制作一张自己的"名片"，在这张"名片"上写下自己的姓名、兴趣爱好、形象图案、交友箴言或自己最喜欢的一段文字。

②选择战友（特别是与自己关系不好的战友），向他们重新介绍自己，改变他们对自己的看法。

③在空闲时间，利用自己设计的名片，与别的连队的战友结交朋友，与他们愉快交谈10分钟。

(2) 赠送礼品，展示特长

①做一件能展示你的才华或特长的小礼品（叶脉书签、抒情散文……都可以）。

②在礼物上写上自己的姓名和你对战友的祝福。

③将自己制作的小礼品送给班里的每一个战友。

(3) 改变态度，重获友谊，检验技巧

①改变自己与他人交往时的孤傲、对立、不服气、冲动等态度，学会专注、倾听、接纳、尊重、真诚和积极关注。改变自己，主动交往的方法：镜子面前，练习微笑，同时在心里回忆那些令你高兴的事情。（最好每天早上在镜子面前微笑1分钟，这样做一周或更长的时间，你就会发现自己脸上的笑容越来越自然，对别人微笑也越来越容易。）

选择那些平时与自己交谈较少的战友，与他们闲聊5分钟，在这5分钟的时间里尽量做到坦诚、微笑、尊重、专心致志，认真听取战友的谈话。多参加集体活动，如打篮球、滑冰、联欢会等。

②主动向与自己有隔阂或有人际冲突的战友，表明自己的看法、态度，寻求对方的谅解，重新建立更为友善的关系。

③用录音机录下自己平时与别人的对话，以作为改进自己沟通方式的参考。

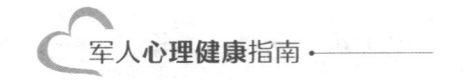

四、适应力的自我评估

军人适应力量表

亲爱的战友：

请认真阅读每句话，然后根据该句话与您的实际情况相符合的程度，在您认为最符合的数字上画"√"。数字代表的意思如下：1—非常不符合，2—比较不符合，3—不确定，4—比较符合，5—非常符合。

每个题只能选一个答案。除非您认为其他4个选项都确实不符合您的想法，否则请尽量不要选择"不确定"。

本测验没有时间限制，但对测试题不必过多考虑，如实作答就可以了。

请务必回答每个问题，不要有遗漏。

条目	评分				
1. 到一个陌生的环境，你都感到紧张与不安	1	2	3	4	5
2. 对现在的军营生活，还没有退伍或转业的念头	1	2	3	4	5
3. 天气的变化常常影响你的情绪	1	2	3	4	5
4. 你能与周围的战友好好相处，从他们那里学到有用的东西	1	2	3	4	5
5. 对于你不喜欢的官兵，你很难与其相处	1	2	3	4	5
6. 部队派给你的任务难度越大，你越兴奋激动	1	2	3	4	5
7. 你最怕在军事训练中被点名批评	1	2	3	4	5
8. 你总想在部队积极表现，争取立功	1	2	3	4	5
9. 你不喜欢的军事技能，不管怎样学也学不好	1	2	3	4	5
10. 你觉得在部队里，上级都很重视你	1	2	3	4	5
11. 突然被派遣到生活条件很艰苦的地方，我也能很快适应	1	2	3	4	5
12. 部队换防必须与家人或亲密战友分离，我能很快说服自己接受这些	1	2	3	4	5
13. 我能很快从高强度的训练中恢复过来，并投入第二天的训练	1	2	3	4	5
14. 到极端环境外训时（如高海拔、沙漠、海岛等），我能很快适应当地的生活	1	2	3	4	5
15. 休假后回到部队，我能很快习惯新的生活节奏	1	2	3	4	5

续表

条目	评分				
16.夏天我比别人更怕热,冬天比别人更怕冷	1	2	3	4	5
17.我参加正式的考核成绩常比平时训练成绩要好	1	2	3	4	5
18.夜间走路,我能比别人看得更清楚	1	2	3	4	5
19.会议上发言时,我比别人更镇定、更自然	1	2	3	4	5
20.即使在混乱嘈杂的环境里,我仍能集中精力高效率地学习和工作	1	2	3	4	5
21.我能注意到应该注意到的细节,不管当时的情况多么紧迫	1	2	3	4	5

【结果说明】

1.该量表把适应力分为环境适应力、生活适应力、心理适应力三个因子,其中环境适应力因子包括-1、-3、11、14、-16、18、20共7个条目,反映个体在各种环境中的适应程度;生活适应力因子包括2、4、-5、8、10、13、15共7个条目,反映个体在军营生活中的适应程度;心理适应力包括6、-7、-9、12、17、19、21共7个条目,反映个体的心理适应能力。

2."-"号表示反向计分题。

3.军人适应力评分等级。

等级	得分
高	70
中	60—70
低	<60

【意见建议】

1.军人适应力评分＞70:您对环境的适应力较高,能够根据环境变化的情况很好地调整自我的认知和行为方式。当环境与自身经验和能力不协调时,能主动积极地通过努力,提高自己的能力,满足环境对自己的较高要求,发展自我。可以继续保持这样的能力。

2.军人适应力评分60~70:您对环境的适应力中等,能够根据环境变化情况完成基本的自我认知和行为方式的调整。当环境与自身经验和能力不

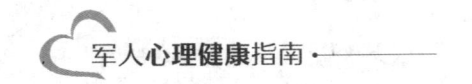

协调时,能在一定的帮助下克服困难,满足环境对自己的基本要求。可以进一步通过以上提到的提升适应力的方法进行自我调节和训练。

3.军人适应力评分＜60:您对环境的适应力较低,往往对环境的变化显得无助,或者试图去改变环境,而不是自己。当环境与自身经验和能力不协调时,消极应对,难以满足环境对自己的要求。建议在他人或专业心理人员的帮助下,对适应力进行大量的训练,提升能力水平。

第十章 身体力

> "身体虚弱,它将永远不会培养有活力的灵魂和智慧。"
>
> ——[法]卢梭

"掌握了自己的身体,也就掌握了自己的生活。身体有了足够的能量,就能彻底改变自己的生活。"身体力是保持身体良好状况并对身体感到自信的能力。身体作为机能的载体,能够让我们实现对生活的无限憧憬。身体力是执行活动的关键,它能够提供在生活、学习、工作等活动中所需要的具体功能,同时也能根据活动的需要正确调用身体的各项能力。身体力的不足或受损,影响的不仅是身体,而且同时影响心理,从而进一步影响到行为和工作效率。对于军人而言,身体就是最重要的武器,体能就是消灭敌人的尖刀利刃,是决定战场胜负的关键。身体力的形成是先天因素和后天发展共同作用的结果。因此,身体力是可以通过训练和调节而提升的。对于军人,可以通过正确评估身体力水平、科学开展训练和恢复、合理营养摄入、提高心理应对能力等方式提升身体力。只有具有高水平的身体力,军人才能在各种极端条件下,圆满地完成各项军事任务。对于军人来说,要想更好地完成任务,就必须努力提高身体力。你的身体还好吗?怎样可以让身体力更好呢?

一、什么是身体力

曾子说:"行不远身,行之本也。"《淮南子·氾论训》中写道:"夫绳之为度也,可卷而伸也,引而伸之,可直而睎,故圣人以身体之。"这两句话隐含着行动的根本离不开修身,感知事物可自己亲自去体验和实践。身体一词,除了形容人的体格或体型,指代个体身体状况外,还有对身体状况进行评价的含义。因此,身体力,狭义上指身体能力,我们常常称之为体能,包含基础作业能力和体能发展潜力;广义上则指身体各部分的协调统一能力,也称之为身体智慧,包括身体自我感知和整合运动能力。总的来说,身体力就是保持身体良好状况并对身体感到自信的能力。

古希腊哲学家苏格拉底认为"身体的健康因静止不动而破坏,因运动练习而长期保持";文学家伏尔泰写下了"生命在于运动"的警句;民主革命先驱孙中山先生说"坚强的意志在于强健的体魄";清末学者严复则指出"一个国家的强弱存亡取决于:一曰血气体力之强,二曰聪明智慧之强,三曰德性义仁之强";毛主席更是倡导"身体是革命的本钱"。

总的说来,身体力是执行活动的关键,能够提供在生活、学习、工作等活动中所需要的具体功能,同时也能根据活动的需要正确调用身体的各项能力。早期界定身体力的心理学专家认为,能够为现实所直接反映的仅仅是一部分身体力的内容,常常包括运动能力、身体素质等,表现为跑得更快、跳得更高或是瞄得越准。那些不能直接反映出的则是内在身体力,即对自我身体的认知评价、整合协调过程。因此,身体力不仅包含身体强健的意思,还有身心协调和强健的含义。身体力的不足或受损,影响的不仅是身体,而且同时影响心理,从而进一步影响到行为和工作效率。比如小张在受伤前是一名身体能力过硬的飞行员,在执行任务过程中手臂受伤导致身体能力下降。由于受伤不能回归飞行岗位,他感到烦躁和焦虑,出现了失眠的症状。对自己不能飞行的担忧,影响到小张的社会功能,他的性格和行为发生变化,工作质量下降。伤势导致身体能力的下降让他错误评估了身体执行任务的能力,差点酿成事故。

不同领域学者经过研究,又将身体力划分为不同类型人员的身体力,如警察身体力、运动员身体力、军人身体力等,或者划分为一般身体力和专项身体力,用于描述在不同行业和不同任务条件下表现出的体能特点。

对军人而言,身体力是军人在战争或非战争行动中生存与活动的基础,也是军人发展职业潜力的重要条件,全世界军队都十分重视提升军人体能。近年来,战争和非战争行动不断增多,世界局势瞬息万变,历史的经验证明,在信息化全域战争态势中,即便武器装备快速更新,军队战斗力的强弱在很大程度上仍然取决于军人的身体能力。面对超强负荷、睡眠限制甚至剥夺、生物节律紊乱的艰难环境,强大的身体力是军人完成任务、保持战斗力的重要保障。因此,选拔高身体力的军人,不断提高军人身体力,对进一步巩固和提升军队战斗力尤为重要。从上面小张的故事,我们不难看出,完整、健康、强壮的身体对军人执行任务、完成训练的重要作用。身体强健的军人能够在各种军事行动中发挥最大的潜能,有利于任务的完成。

二、身体力是怎么形成的

研究者认为,身体力是形态、结构和功能的整合体。身体力的强弱固然受到先天遗传因素的影响,但后期的成长环境、发展条件对身体力的形成和发展也很关键。身体力的形成不仅仅是体型的增加和功能的完善,还包括全身能力的协调评价和及时恢复与伤病预防。总体来讲,身体力的形成是先天因素和后天发展共同作用的结果。

军人身体力的形成主要归结为以下五大因素。

(一)遗传生理因素

结构和功能是相适应的。个体的身体形态、结构决定了其身体力的基础水平。我们常说"身长腿短,体态呈倒三角的人适合游泳""四肢纤长的人适合舞蹈""身材很高的人适合打篮球",就是指身体形态、结构与其活动能力是紧密联系的。除此以外,身体各个系统和器官的机能也是影响身体力的重要因素,如运动员的心率、呼吸频率要比普通人慢上许多,这正是其心脏、肺部机能更加优越的表现。

先天的基础构造和器官机能是身体力形成的基础。基因遗传机制决定了身体器官的基本结构,呼吸、循环、消化、神经、内分泌等功能系统共同构成

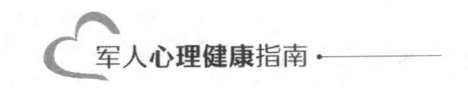

了身体力的物质基础和功能基线水平。个体通过物质能量代谢与外界进行交换,获取所需的能量供给身体能力日常消耗和成长发展需要。

相应地,摄入和消耗能量达到需求时,身体力能够得到维持和发展,反之则会有所损害,或形成负担,不利于更好的发展。

(二)环境因素

个体的生长和发育是一个漫长的过程。身体力水平在先天的基础上,受到成长过程中各种因素的影响。其中,个体的成长环境和生活习惯影响巨大,如家乡靠海的个体可能游泳能力更加出众,而生活在水质较硬地区的个体容易发生骨骼发育不良、结石等情况。个体的身体力若在发展过程中受到环境的限制,且不能及时改善的话,身体力的发育势必不能达到最理想的状态。运动技能的培养已经被证明对体格发育、器官成熟和认知完善具备重要作用。个体若没有养成运动习惯、习得必要的运动技能,就会造成身体力发育不足,机能低下。因此,只有在充足营养、充分运动的后天环境中,身体力才能得以全面发展。影响身体力形成最主要的环境因素既包括生活环境的温度、湿度、海拔高度、地理位置等,也包括诸如战乱、病毒、药物、辐射、噪音等社会和生物学因素。

(三)科学训练

军人身体力与其他群体的不同在于,军人身体力要求个体在军事活动中具备特殊的作业能力。有些能力从基础能力发展而来,不能完全通过后天发育或进行自我习得。但通过特定的引导和训练,能够得到更好的发展。例如,飞行员、航天员要求个体抗眩晕和空间定位等能力较强,这些能力仅部分人具有,且很难在早期成长发育过程中得到足够的发展,但经过专业训练后能够促使其专门作业能力大幅提升。因此,在新兵下连时,部队也常常会根据战士身高、体型、力量等身体情况将其分配至不同岗位进行针对性训练,培养和提升其身体力和作业效能。训练对身体力的提升是有效的,尤其是科学制定的训练计划会对身体力的发展起到事半功倍的作用。针对不同年龄、兵源、岗位及身心状况的军人应相应制订不同的训练计划,做到因人施训,因地制宜。同一类训练应按照循序渐进、合理休息、循环训练的原则,逐步塑造和巩固军人身体力。

(四)训练伤恢复

军人在训练或执行任务后感到疲劳是正常的生理现象,在此期间,身体力水平也将有所降低。当军人长期处于高压高负荷情景,难免会出现身体损伤,如运动外伤、关节炎症、疲劳、免疫力下降等,都将影响身体力水平。早期训练伤如果得不到及时和有效的处理,发展为慢性或不可逆伤害,对身体力的影响将会更甚,同时也将影响个体对身体力的自信程度。因此,掌握快速恢复的方法是身体力形成的关键因素。快速恢复的方法包括睡眠、沐浴、补充水分和营养等。一般情况下,经过一定时间的休息和恢复,身体力能够恢复到正常状态。

(五)自我评价与社会反馈

军人身体力被视为英雄的勋章,战士们常常以身体健康,没有病痛和残疾为荣,身体受损的士兵心理状态则容易发生改变。对身体力的自信程度是影响身体力的重要原因。对身体力的自信来源于个体对身体的自我认知和评价,涉及对相貌、体格和体能的看法,受到年龄、生活阅历和社会文化的影响。当个体得到他人和社会认可,其身体力自信会提高。反之,当身体受伤或残疾,作业能力大打折扣甚至丧失时,身体力自信下降。因此,军人对身体能力的自信程度对于发挥个体能力、完成作业绩效十分关键。此外,身体力自信还与外界反馈息息相关,因为个体都有期待获得外界认同的偏向。在社会活动中,个体往往会按照大众的观点和标准来要求和发展自己。当一名士兵被认为擅长长跑项目,他就会主动地训练和展示这方面的能力。但当个体长期被漠视甚至压抑某方面的能力,一段时间后可能就会失去这方面的优势。

三、如何提升身体力

身体力是军事心理学研究的基础内容,是军人克服极端环境,顺利完成任务的保障。拥有良好的体能不仅能够提高军事作业绩效,延长职业生涯,还有助于保持积极心态,维护身心健康。作为一名军人,应该如何认识和提升自身身体力?通常,可以通过正确评估身体力水平,科学开展训练和恢复,合理营养摄入,提高心理应对能力等方式提升军人身体力。

(一)正确评估身体力水平

对身体力正确评估是完成各项任务的前提,合理地评估对制订训练计划、合理膳食和恢复都有重要影响,过高或过低的身体力评估结果都会影响军人作业绩效。

1.身体力基础水平评价

主要考虑因素包括体型是否健全、体重是否达标、外貌是否损毁、肺活量大小、稳定性、协调性、灵活性等,还可以衡量个体的一般活动能力和擅长运动的种类等,基础身体条件越好,身体力基础水平越高。"看着镜子里的自己,四肢颀长,面容端正,肌肉线条匀称,大小关节都能自如活动",这是对身体力的一种主观自我评价。

我们常常通过身高、体重、耐力、灵敏度和爆发力等指标来帮助我们进行身体力的评估。身体指数(BMI)=体重(kg)/身高^2(m^2),不同范围的身体指数代表了身体力的机能良好状况与否。其他评估身体力的方面包括但不限于运动前后的心率、体温、睡眠时间、整体状况及疲劳度、肌肉、关节状态、心情或积极性等。在评估身体时,需要考虑相关因素的影响,如排便、天气、伤病状态及是否面临考核或任务情景等。具体的检查方式包括身体力日记、内外科检查等。

2.可发展身体力评估

身体力水平是具备发展性的,通过适当的引导和训练,能够得到提升和巩固。通过不同的运动方式能够评估这一部分身体力。例如,一个22岁的战士,静息心率是72次/分钟,如何能够让他达到最大身体力的70%—80%?如何进行评估?在这里,我们要引入最大心率和储备心率两个概念,这是一组常用于评估身体力的指标:

$$最大心率 = 220 - 年龄$$

$$储备心率 = 最大心率 - 静息心率$$

在上述案例中,我们可以用储备心率来估计身体力的承受限度,因此要想达到最大身体力的70%—80%,可以使战士以储备心率的70%—80%进行训练,即训练时的平均心率应达到160—172次/分。随着训练不断增强,身体力水平不是一成不变的,可发展评估应该定期动态地进行。其他评估项目常见的有3千米跑、引体向上等,评估指标包括肌力、耐力、血氧饱和度等。

(二)科学开展训练和恢复

科学有效的军事训练是提高士兵身体机能和作战能力的关键。世界各国军队都非常重视军人的体能训练和考核,制定了不同的训练条例。《军事体育训练改革发展纲要(2015—2020年)》对军人体能训练的内容、组训方式和伤病预防等都进行了优化,力求不断提高军人体能绩效。

1.制订合理的计划进行训练

第一环节:表象训练

表象训练是目前公认的对提高运动技能行之有效的方法之一。表象训练通过个体在脑海中反复想象并演练整个运动过程来提高身体对动作技能的掌握程度。

第二环节:重复训练

重复训练法是指在不改变动作结构及其外部负荷的情况下反复练习,由重复次(组)数、每次练习的负荷强度和每次(组)练习之间的间歇时间构成。重复练习有助于身体技能的形成和巩固。

第三环节:循环训练

循环训练法很适合军事训练,能够显著增强军人的身体力量,同时还能够减少身体损伤风险,帮助改善身体协调能力,增强信心,强化意志。每一次循环训练都应该控制在6—10种训练方式,每种锻炼之后让肌肉组得到放松。比如,在做完俯卧撑后,可以做一组仰卧起坐,达到训练不同部位的目的。

在制订身体力训练计划时,应依照科学的训练原理进行,训练过程中要遵循相关的训练原则。一般来讲,身体力的训练包含三原理、五原则(如表10-1和表10-2)。

表10-1 训练三原理

1	超负荷原理	为取得训练效果,就必须设定超过目前能力的运动刺激
2	特殊性原理	训练的方式因施加的刺激不同而变化,必须选择符合目的的训练方式(负荷方式、强度、速度等)
3	可逆性原理	持续锻炼可以维持训练效果,一旦中断,训练效果会逐渐减退。训练时间越长减退速度越慢,训练时间越短减退速度就越快

表10-2 训练五原则

1	全面性原则	均衡所有要素,提高整体水平
2	个别性原则	根据个人差异选择训练内容,如年龄、性别、体能、目的和经验等
3	意识性原则	训练时充分理解训练理论,带着目标和上进心训练
4	渐进性原则	配合自身体能的增长,循序渐进增加运动刺激和负荷(质、量、效率)
5	持续性原则	为取得预期训练效果,需长时间以适当的间隔进行训练

2.积极休息与消极休息相结合

训练中要做到劳逸结合,每次训练后的恢复能够使身体力恢复到最佳状态。不能一味图快图强,忽略了休整的重要性。在反复训练无提升后,一段时间的休整能够促使训练更加有成效。

良好的睡眠是恢复和保持体力的有效方式。个体每天需要7—8小时的睡眠来保证体能恢复和身体健康,每晚睡眠时间长期小于6小时会损害健康。当然,每个人的睡眠特点千差万别,也存在个别人自身睡眠需求小于6小时的情况,他们仍然能够保持一个健康的状态。我们每个人在依据相关数据进行自我调节时,应根据自身的具体情况做灵活调整。

训练后的疲乏感多是因为代谢废物如乳酸等在体内堆积形成。以往的恢复方式如睡眠、沐浴等属于消极的休息方式,对体内代谢的促进有限。因此,目前更推荐"积极休息方式",能够更有效改善疲劳,恢复身体力水平。积极性休息的理念与以往的恢复理念不同,当感到疲劳时应当进行适度的活动,这样才能促进血液循环,加快代谢,有效地向身体输送营养物质。

(三)合理营养摄入

我们的身体所需要的营养元素包括碳水化合物、蛋白质、脂肪、微量元素及矿物质等几大类。科学地搭配膳食,要多挑选低能量高营养的食物,限制对脂肪、胆固醇、糖和盐分的摄入。养成记录热量的习惯,有助于控制热量并均衡营养。高强度训练的军人需要更多的热量,摄入更多碳水化合物和蛋白质,为肌肉消耗提供能量。一般情况下,一只白煮鸡蛋所含的优质蛋白质能满足个体一天的需要量,个体的热量需求通常与基础代谢率和活动强度、身体状况相匹配。

成人每日需要的热量= 1.1×(人体基础代谢所需要的最低基本热量+体力活动所需要的热量)。

在烹饪方式和进食习惯的养成中,一是要注意少油少盐少糖;二是戒烟限酒;三是要注意进餐定时定量;四是要注意三餐的热量配比,如每日摄入1500 kcal热量,早中晚餐比例多为3:4:3;五是饮用足量的水,正常人每天大约需要8杯水(水量在1500—2000 ml);六是适当摄入微量元素。

(四)提升心理应对能力

一个小男孩,生来单腿就有残疾,没有办法和别的孩子一样奔跑跳跃,只能一个人戴着矫正器一瘸一拐地走,班里的同学总是欺负他。为此小男孩很苦恼,向母亲诉苦,母亲却只告诉他一句话:"只管向前奔跑。"后来,小男孩又一次被欺负了,慌乱中想起妈妈的话"只管向前奔跑",于是他顾不上那条不灵便的腿了,他拼命地跑着,想要逃离……不知从什么时候开始,小男孩越跑越快,越跑越快,直至把那一帮要欺负他的同学甩开得无影无踪。后来,小男孩再也不用戴矫正器了,长大后还凭借着跑得飞快进入了大学的棒球队,后来不仅跑得了学位,在越南战场上,还跑回了自己的性命,更跑回了荣誉和友情。

——《阿甘正传》

1. 正确认识身体状况,动态评估身体能力

个体的发展是一个连续的过程,其中有发展的高峰期也有机能的衰退期。身体力自信是随着个体身体状况的发展变化而变化的。不同年龄段、不同工种的军人身体力水平不尽相同。在经历重大生活事件,如重大疾病或创伤后,身体力都会相应地发生改变。更重要的是,当身体的完整性或外表遭到破坏,个体的身体自信便会下降。作为军人,因为身体力改变而无法完成既定任务时,自信会进一步降低,这将形成恶性循环。因此,正确认识自身身体状况,动态评估身体能力,坚定对身体状况的适度自信,并在训练中积极做出调整以达到每个阶段的身体理想绩效,才能长期保持良好的身体力。此外,由于社会化的影响,个体总是会受到社会信息和他人评价的影响。积极的社会反馈能够促进个体能力发展,反之则会损害甚至使能力消亡。塞尔曼认为,成年个体已经能够从综合层面来理解和采纳社会信息和他人观点,并学会考虑这些观点带来的影响。军人身体力通过锻炼得以提高或历经军事行动而受损时,更应该注意中肯客观地采择社会反馈观点。

2. 调整心理适应能力,合理心理训练

增强抗压能力,保持积极想法,减轻紧张情绪是培养良好心理适应能力的关键。过于紧张或过于兴奋均不利于身体力水平的有效发挥。适当的放松能够使军人在执行任务或训练中保持适度的紧张感,有利于集中注意力完成任务。

此外,在身体力的训练和提升中,也可以采用一些心理训练来帮助军人提升身体力水平。如设定现实的目标,对自身现阶段水平正确认识和把握,回忆并分析在任务或训练中表现好与不好时的心理状态,可以用写心理日志的方式进行记录,关注心理状态和身体力水平的关系。最后学会放松对提升

身体力非常重要,常用的放松方式包括"腹式呼吸放松""肌肉放松",等等。

四、身体力的自我评估

(一)中国人身体指数评估(BMI)

身体体重对衡量身体状况非常有用,借助体重的增减便可得知身体摄入热量的多少。正常的体重是保持健康身体的重要指标。超重或肥胖会增加高血压、糖尿病等心脑血管疾病的风险,体重过低则有营养不良、机体功能不足的可能。

BMI=体重(kg)/身高^2(m^2)

【结果说明】

一般标准如下:

偏轻:BMI≤18.4

正常:18.4<BMI<23.9

偏重:23.9≤BMI<27.9

肥胖:BMI≥27.9

【意见建议】

偏轻:BMI≤18.4 您体重偏轻,可能存在营养不足或锻炼不够的问题,建议增加营养、加强锻炼。

正常:18.4<BMI<23.9 您体重在正常范围内,希望继续保持营养摄入和平衡,继续保持锻炼习惯。

偏重:23.9≤BMI<27.9 您体重偏重,建议控制油腻、高糖食物的摄入,适当增加蛋白质摄入,同时加强力量锻炼。

肥胖:BMI≥27.9 您体重过重,建议严格控制油腻、高糖食物的摄入,制定严格的力量和耐力训练计划,按照计划严格执行锻炼。

(二)身体自尊量表

下面是一些描述自己的句子,这里没有对或错,请您根据自己的情况如

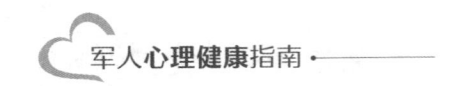

实回答。其中5代表完全符合,4代表比较符合,3代表不好说,2代表比较不符合,1代表完全不符合,请在符合您的选项上打"√",每道题只能选择一个答案,结果我们会替您保密。谢谢您的合作!

条目	5	4	3	2	1
1.我认为自己很优秀					
2.我确信能经常参加有活力的身体锻炼活动					
3.我的身材偏胖					
4.当穿得很少时我感到不自在					
5.参加体育运动时,我觉得自己并不很优秀					
6.无论做什么事我都觉得很自信					
7.与其他人相比,我的身体状况水平总是很高					
8.我不觉得自己长得比别人丑					
9.我觉得自己很难保持对异性的吸引力					
10.学习一项新技能时,常因为不能很快掌握而苦恼					
11.我对自己的体型不满意					
12.在健身和锻炼环境中一直感到自信和轻松					
13.觉得自己比别人弱小而感到自卑					
14.我认为自己比周围的朋友更受异性的欢迎					
15.常常想通过某些练习来改变自己动作的协调性					
16.对自己的身体我总有积极的体验					
17.我会定期参加体检以确保自己的健康					
18.常常希望通过其他方式让自己看起来更好					
19.别人总羡慕我因为我有出众的身材或体格					
20.没有信心去尝试自己从没从事过的运动					
21.经常不能满意自己的身体状态					

续表

条目	5	4	3	2	1
22.总是因为身体不适而讨厌自己					
23.我虽然相貌并不突出,但我对自己的五官很满意					
24.经常觉得会因为身高或体重在各类竞争中失去优势					
25.我为自己能长时间坚持某项运动而高兴					
26.我希望能更关心自己的身体一些					
27.当身体出现某些小伤病时觉得没什么大碍,自己依然是健康的					
28.我的身材比例很好					
29.我觉得自己因为长相导致较少有异性表示好感					
30.尽管喜欢某项运动,但从不参加比赛,因为觉得自己水平太低					

【结果说明】

该量表由1个主量表和4个分量表构成,把身体自尊分为身体自我价值感、运动能力、身体状况、身体吸引力和身体素质等因子,每个因子包含6道题,共30道题,每道题采用1—5分进行评分。各因子对应的条目见下表:

PSPP(身体自尊量表)记分键

分量表名称	分量表题号
1.身体自我价值感(主量表)	(－5),(10),(15),(－20),(25),(－30)
2.运动能力(分量表)	(1),(－6),(11),(－16),(21),(－26)
3.身体状况(分量表)	(2),(－7),(12),(17),(－22),(－27)
4.身体吸引力(分量表)	(－3),(8),(13),(－18),(23),(－28)
5.身体素质(分量表)	(－4),(－9),(－14),(19),(－24),(29)

注:"－"表示反向计分题,量表总分为各分量表相加的平均。

【意见建议】

该量表没有明确的分数段划分标准,其总分和各分量表得分范围均为

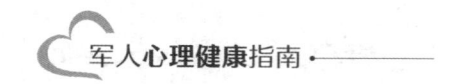

6—30分。可以根据自己在分数范围中所处的位置,以及与周边战友的比较,初步认识自己的身体自尊。如果得分较低,则建议提高自我身体素质,提升自己对身体力的自信心。

第十一章 合作力

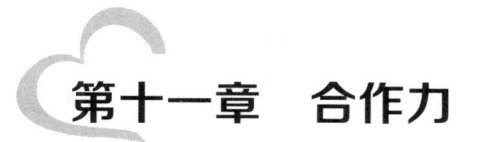

> "单丝不成线,独木不成林。"
>
> ——曹雪芹

古语云"人心齐,泰山移",孙权用兵也说"能用众力,则无敌于天下矣"。军人比任何其他团体更注重合作力,也更需要合作力,培养军人乐于交往、善于合作,在团队中建立并维持良好关系的能力至关重要。军人面对复杂多变的未知环境和任务时,其个人的团队合作力的高低对任务完成起着关键性作用。合作力是指个人与个人、群体与群体之间为达到共同目的,彼此相互配合的一种联合行动。进入军营,走进部队生活,每一名青年官兵都要融入集体之中,作为一名军人,他的每一步成功都离不开集体。人与人之间的合作是个人成长进步、集体强大战斗力的源泉。

一、什么是合作力

提到合作力,我们会想到什么呢?《心理学大辞典》中指出:"合作是为了共同的目标而由两个以上的个体共同完成某一行为,是个体为了实现共同目标表现出的最高水平的协同行为。"通俗地讲,合作力就是我们自身与其他个体或群体协调一致行动的能力。作为一名军人,在军队这样一个高度集中、组织严密的集体中,尤其需要合作力。合作力是我们与他人和集体最好的"黏合剂"。合作力既包括了自身完成任务的水平,也包括了与他人沟通协作的技巧。如何融入集体并出色地完成任务，是提升合作力的关键问题。在进行合作的时候，我们首先要尊重和平等看待其他成员，重视他们在集体中的价值，肯定他们完成任务的能力。合作力能够更大限度地发挥每名成员的长处和优势，提升工作效率，提高任务完成质量。同时，合作力还能改善我们的人际关系，带来积极的情绪感受。主人公从形单影只地埋头苦干逐渐变得开朗乐观，就是因为与他人合作进行了沟通交流，融入了集体。

合作力是军人执行任务的必要能力，更是我们面临艰巨任务时的撒手锏。2020年除夕夜，我军派出450名医护人员奔赴武汉，抗击新冠肺炎疫情。面临未知病毒、凶险环境和资源紧缺，我们的战友没有退缩。在那样的环境下，他们没有熟悉的同事，更来不及经历磨合，但是在巨大的压力面前，他们每个人都展现出了强大的合作力。他们重视每一名伙伴的付出，互相提醒的同时却又职责分明，尽管条件艰苦、消耗巨大，但他们之间的联系却越来越紧密，应对病魔的他们越来越乐观。合作力告诉我们，当每个人都在为共同的目标努力，我们就不是一个人在战斗。

二、合作力是怎么形成的

随着网络、科技飞速发展，各行业各领域的社会交往愈加频繁，"合作"的理念与形式也愈加频繁地出现在军事、航空、医疗急救、人工智能、体育竞技等领域。为什么有的人很善于和别人合作，但有的人就很难完成集体任务呢？合作力作为一种心理能力，它是如何形成的？影响合作力水平的因素有哪些呢？

（一）合作力的心理学理论基础

1. 人格促使我们选择合作

人格是指我们在言谈举止、行为方式和情感表达等方面比较稳定的个人特征，比如有的人倾向于集体活动，有的人更愿意独处，这会影响我们和他人或集体合作的方式。不同人格个体的世界观、价值观有明显差异，对相同的事情会有不同的看法、评价和表现。合作型人格的个体往往表现为：善良、友好、开放、热情、真诚、诚信、宽容、可信任、乐于助人、自律,喜欢和他人合作,喜欢热闹的氛围。

2. 合作是赖以生存的需要

20世纪40年代,美国心理学家马斯洛提出人的基本需要分为五个层次:生理需要、安全需要、归属与爱的需要、尊重的需要和自我实现的需要。满足各个层次的需要都要通过合作。从原始社会开始,捕获食物、搭建住所等就需要由不同分工的个体进行合作。同时,个体需要的满足又会进一步促进合作力的产生。例如,我们通常会在一个温暖的集体中感受到集体荣誉感,也更愿意为这个集体争光,这就是被集体接纳和尊重时,个体的合作力得到了强化。

3. 我们从与他人的互动中学会合作

美国学者库尔特·勒温(Kurt Lewin)认为,集体的本质是个体之间的相互依赖,因此个体的变化会影响其他个体。同时集体往往会催生出更多的信息交换、创新和解决复杂问题的能力等,俗话说"人多力量大",这些能力又会反馈给个体,形成他们的合作力。

此外,多伊奇在勒温的理论基础上提出合作与竞争理论,与合作不同,在竞争性的环境下,个体互相排斥疏远,虽然有着共同的目标,但一个人实现了目标就会导致其他人的失败,因此竞争无法形成合作力。

马克思将合作力视为一种社会适应能力,皮亚杰则认为合作力是个体在与社会互动和交往中不断学习和进步的。

(二)合作力的要素

1. 合作意识

合作意识表现为团结协作、主动参与、和他人亲近。在篮球、足球比赛开始或结束之前,队员们总是会绕场一圈相互击掌加油;每一次得分后都会击掌拥抱、互相鼓励。在这种氛围下,每位队员的合作意识能被快速激发,能够更高效地开展团队协作。

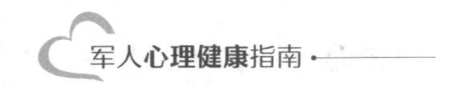

合作意识不但能聚合力量促成合作,更能保证合作效果。军队比其他任何集体都更讲求团结协作,军人的合作意识可以视为对组织和部队的强烈归属感、认同感与忠诚,也可以视为服从命令听从指挥的坚定信念,这促使广大官兵之间相互协作,将个人利益与集体利益、个人价值与集体价值紧紧相连。

2. 相关知识

知识是个体合作力的交流基础。我们每个人所学的专业知识、网络信息、生活知识、兴趣和特长等会成为合作中的重要部分。军队需要掌握多学科多领域知识的不同个体通力配合,才能更好地完成任务。我们军人自身则需要不断学习,掌握更加全面广阔的知识,才能在合作中明确自己的定位,了解自己可以贡献什么,如何寻求有效的帮助。

3. 合作技能

合作技能是个体合作力的直接体现,包括沟通能力、组织管理能力、应变能力、学习能力和解决冲突的能力。对军人的合作技能有更高的要求,需要做到以下五点:(1)能够与人进行良好沟通,通过口头或书面文字清晰和充分表达自己的观点;(2)在合作活动中具备一定的领导和组织管理能力,统筹调度各方面资源和力量,充分发挥全面优势并保证利益平衡;(3)能够冷静处理活动中的突发事件和挫折,积极应对的同时还能支持其他人;(4)保持好奇和质疑,不抗拒学习新的知识和事物,乐于向不同的人学习;(5)当与他人发生冲突时,理性客观分析,适时适当做出妥协和让步,以保证集体和个人更长远的利益;当集体中其他人之间发生冲突时,能在公正基础上以适当方式进行调节和疏导,促进沟通和冲突解决。

4. 合作品质

合作品质是合作力的内在保障,如诚实守信、关爱尊重、理解宽容和尽职尽责。对于军人来说,在军事任务中要忠诚守信、相互尊重。军事合作中难免会遇到困难,产生冲突,造成意见分歧,需要能够相互理解,相互宽容,共同解决问题。当然,一个具有良好合作品质的军人还需具备强烈的责任感,表现为对自己在任务和工作中的角色有明确的认识和定位,尽心尽力做好每一件自己应该做的事情。这些优良的合作品质会为军事活动的顺利进行提供保障。

(三)影响合作力形成的因素——团队效能模型I-P-O和IMIO框架

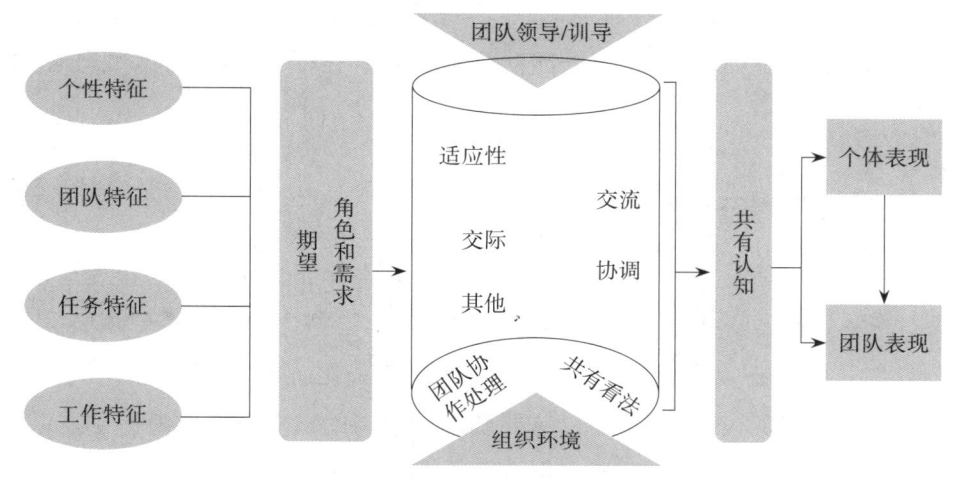

图11-1　团队绩效的条件和处理框架
（图片引自《牛津军事心理学》[美]劳伦斯等主编）

研究团队效能的框架与模型有许多，其中McGrath最先提出"输入-过程-输出"框架（I-P-O模型），研究团队协作与团队效能；后来ILgen和同事提出关注于团队功能的循环新模型"输入-调节-输出-输入"框架（IMOI模型），并提出团队绩效的条件和处理框架（图11-1）。在军事团队效能的研究中，军队的合作力受到多种因素影响，其中影响团队绩效的关键团队输入包括：(1)团队成员的个体特征，如不同的经历经验、个人品质、性格特点和能力水平等；(2)团队特征，如团队规模大小、团队凝聚力强弱、团队成员间的交流方式、团队成员的工作独立程度、团队绩效评价方式等；(3)任务特征，如团队任务类型、任务相互依赖性、任务复杂程度、任务冲突性等。团队过程和紧急状态作为连接团队输入和输出调节器的角色，也是影响团队绩效和军队合作力的因素，如行动过程中的协调、交流、情感支持、相互间的工作督导与互助、行动目标的决策与完成顺序、人际冲突的解决方式、紧急状态下的团队取向和共有心理模型等。此外，军事团队经常面临危险情况，团队领导作为团队的输入或者调节器，其管理团队成员的能力至关重要，如团队领导的领导力、领导风格、领导氛围、领导者对成员的理解程度等。影响团队输入、过程和输

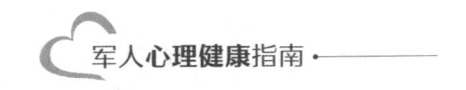

出的重要因素还有背景因素,如作战环境特性(危险条件和不确定条件)、时间特性(成团周期、任务持续时间、任务频率、成员间的熟悉性)和结构特性(领导结构、成员间的交流结构、团队成员的时空分布、成员任务的划分及角色)等。

三、如何提升合作力

尽管合作是人类的内在需求,但合作力并不能够自动生成。作为军人,我们需要具备高度合作力,需要着重培养。通常合作力的培养需要积极投入合作类任务,经过实践、试错及团队训练等不断强化,重点培养个体在执行合作任务中的知识、态度与技能。这要和个体需要的独立技能有所区别,如个体的沟通技巧与团队中的沟通技巧就不尽相同。

我们可以考虑从军队整体出发,营造良好的集体及领导氛围,同时也要关注个体,满足军人的个性化需求,促进军人的集体归属感和荣誉感,积极主动承担职责,互尊互助,通过沟通协商,灵活决策,共同发展。下面详细阐述军人合作力的提升方法。

(一)构建共同愿景

美国西点军校的教育设计以加强团队价值观为主,从新生教育开始,通过教授西点历史、背诵军阶、徽章、肩章、奖章内容和来源以凝聚西点价值观;并通过《荣誉制度》进行统一的行为和荣誉感规范,如"每个学员绝不说谎、欺骗或偷窃,也绝不容忍其他人这样做";而且,每一代西点人都将校训"荣誉、责任、国家"烙在心里,成为跨越时空和身份的共同目标,这能在任何时候帮助西点人基于共同的认同凝聚出西点精神。

"愿景"一词起源于管理学,即一个集体对未来某个阶段发展情况的共同信念,包括价值观、使命和目标,其中价值观是核心,使命是要完成的任务,目标是行动的方向。原本一个集体中的成员因为角色身份、所处地位导致看问题的角度不同,对工作的目标和期望值也不同,但一个团队的共同愿景会催生成员产生明确一致的奋斗目标,产生共同的使命感。一支强大的军队需要构建起军人普遍认同的美好愿景。当军人认同了共同愿景,并转化为自己的内在动机和目标、信念时,就能进一步激发个体的积极性和创造力,为实现军队长远目标奠定基础。

构建共同愿景的行为策略:

(1)激发个体较强的融入团队的动机。

(2)鼓励个体参与建立集体的目标及价值观,如共同创作队歌、口号、契约。

(3)学习并理解团队目标、使命及价值观。

(4)引导个体在共同愿景下积极思考个人定位和目标。

(5)监控并不断调整个人目标与团队愿景的一致性。

(二)积极分担责任

在合理分工的基础上,合作力的提升需要培养团队成员积极分担责任的意识。责任既要"分",更要"担","分"即分工,"担"即承担。合作并不排斥分工,军事行动和军事任务的顺利完成需要军人进行合理分工和有效合作,但只有分工,没有承担责任,合作就难以持续,合作力也无法得到提升。

一方面个体需要根据团队总目标和个人的职责分工,制订明确、具体而富有前瞻性的个人工作目标,并细化自己每天、每周、每月的工作进程和节奏;另一方面,也需要注意任务的总体进程并与他人保持交流联系,及时进行信息、资源的整合、优化,力争个人目标和团队目标一起实现。

积极分担责任的行为策略:

(1)个体进行目标分解,明确自己的角色定位。

(2)个体制订具体工作方案,细化到年月日。

(3)每名成员遵守规则、尽职尽责。

(4)按照完成进度,及时调整目标和计划安排。

(5)全体分别评估结果是否达到预期目标。

(三)促进有效沟通

如果说"积极分担责任"关注的是合作中的个人责任,那么"促进有效沟通"就需要在自己和他人之间寻求平衡。沟通与合作力培养之间是相辅相成的。军事领域的诸多研究显示,在高凝聚力团队里,"讨论与工作、交流与实践紧密联系、不可分割"。因此,军人需要本着相互尊重、平等协商、共同发展的原则,运用沟通技能与其他成员交流对话,并适时、灵活地做出必要的妥协和让步,以实现共同目标。沟通是实现合作的重要环节,沟通既有利于促进合作,又能体现成员的态度。

有效沟通相关的行为策略:

(1)站在集体的立场考虑问题。

(2)有效协调集体的资源与行动。

(3)合理表达个人观点或诉求。

(4)对出现的分歧与争议进行有效协商。

(5)必要时做出妥协或让步。

(6)监控、反馈成员角色与团队组织形式。

(四)改变领导风格

领导是集体中的特别角色,对于军队来说,领导更是一个非常重要的角色。军队经常面临高刺激、高风险、高负荷的情况,领导风格对整个集体的军事作业绩效至关重要。果断可信赖的领导者、灵活的领导方式、有序的领导结构、融洽的领导氛围都有利于提升军人的合作力。

领导风格通常通过管理坐标来描述,布莱克和莫顿于1964年构造了一个二维坐标系,命名为"管理方格图"(managerial grid),以对任务的关心为横坐标,以对人的关心为纵坐标(图11-2)。

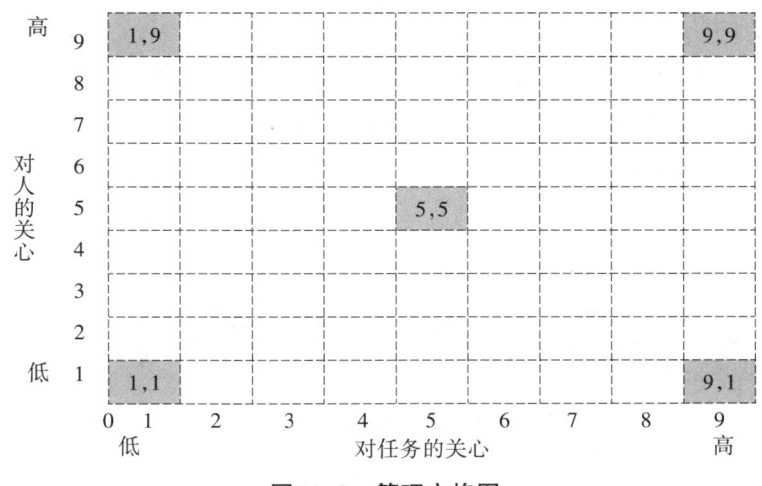

图 11-2　管理方格图

每个坐标有9个数量级,表示关心的程度。图中共有81个方格,分别代表了81种不同的领导风格,每种风格就用它的横坐标和纵坐标数值来表示。

贫乏型或无力型领导(1,1型)对官兵和任务均不关心,在与他人交互中影响力最小,例行公事,为团队向心力贡献少。任务型管理(9,1型),只关心任务,不关心官兵,重视任务规划和管理控制,不善于发展良好的工作关系,不在意官兵的自我发展。俱乐部型或关系导向管理(1,9型),重视官兵的需要,但对任务不关心,领导氛围轻松友好,团队人际好,但团队目标不清晰,效率不高。中游型或平衡式管理(5,5型),努力对官兵和任务同等重视,争取在高效率和良好人际间取得平衡,但缺少创新,官兵发展空间小。战斗团体或统合型管理(9,9型),把官兵利益与团队目标结合,对官兵的关心和对任务的关心结合,统合任务与人际之间的需求,官兵间关系协调,工作积极性高。

(五)团体心理训练

军队合作力提升的核心方法就是团体心理训练。常用的形式有团体辅导活动、辩论赛、心理剧、知识竞赛等。通过训练,能够加强团队成员间的相互联系,共同活动和团体环境的营造会促进成员团结互助、乐群亲和等高合作力行为。

创造团队成员在一起共同活动的机会,本身就能提升成员自身和团队的合作力。团体心理训练通过共同活动的形式,在轻松愉悦的过程中让成员感受合作的力量,在问题解决过程中提升自身和团队的合作力。

以下依据形成合作力的因素(合作意识、合作知识、合作技能、合作品质)提供一个为期4周的连续团队辅导方案示例,每周一次,每次100分钟,适合15—30人的团队(表11-1)。

表11-1　合作力团体辅导方案示例

单元任务	单元形式	单元目标	单元活动
团队建设+认识合作意识	单元一团体活动	1.让成员了解团体性质,认清目标 2.促进成员相互认识,增进成员亲密感 3.建立团队,增强团队动力,形成团队约定 4.感受团队协作精神,主动参与,增加对团队辅导主题的认识	1.领导者介绍团体性质(10分钟) 2.热身活动:桃花朵朵开(15分钟) 3.主体活动:滚雪球(30分钟) 　　　　　心有千千结(25分钟) 　　　　　军中誓言(20分钟)
了解合作知识	单元二辩论赛或知识竞赛	1.帮助成员深入了解合作力的相关知识 2.通过辩论等方式帮助成员进行思考,了解合作的"误区"	辩论赛,如:内向的我,是不是天生不懂合作?
提高合作技能	单元三团体活动	1.在活动中让成员体验合作 2.帮助成员在活动中切实体验沟通、领导、应变能力等	1.热身活动:大风吹(10分钟) 2.主体活动:你比我猜(20分钟) 　　　　　运送弹药(30分钟) 　　　　　交通堵塞(40分钟)
培养合作品质	单元四团体活动	1.帮助成员了解合作品质 2.在活动中寻找和发现合作品质 3.离别和结束活动	1.热身活动:抓手指(10分钟) 2.主体活动:一指神力(15分钟) 　　　　　无敌战车(40分钟) 　　　　　同舟共济(25分钟) 　　　　　微笑拥抱(10分钟)

四、合作力的自我评估

合作与竞争人格倾向量表

亲爱的战友：

请认真阅读每句话，然后根据该句话与您的实际情况相符合的程度，在您认为最符合的数字上画"√"。数字代表的意思如下：1—非常不同意，2—比较不同意，3—不确定，4—比较同意，5—非常同意。

每个题只能选一个答案。除非您认为其他4个选项都确实不符合您的想法，否则请尽量不要选择"不确定"。

本测验没有时间限制，但对测试题不必过多考虑，如实作答就可以了。

请务必回答每个问题，不要有遗漏。

合作分量表

条目	等级				
1.在与同事一起工作的时候，我愿意多听取他人的意见，即使这些意见我并不赞同	1	2	3	4	5
2.在与他人共同完成任务时，我能够整合他人的意见	1	2	3	4	5
3.工作中，我通常会考虑双方利益	1	2	3	4	5
4.在处理事情时，我一般都能够考虑多方的意见	1	2	3	4	5
5.在工作中，我通常能够站在他人的立场上考虑他人的利益	1	2	3	4	5
6.我相信好的伙伴能使你战胜一切对手	1	2	3	4	5
7.一个人要想取得好成绩，必然依靠他人的帮助	1	2	3	4	5
8.任何工作的开展与完成都离不开他人的帮助与合作	1	2	3	4	5
9.为了成功，一个人必须与他人合作	1	2	3	4	5
10.与大家一起工作让我很愉快	1	2	3	4	5
11.在工作中，我喜欢与他人协同工作	1	2	3	4	5
12.我喜欢与他人一起工作获得共同的成功	1	2	3	4	5
13.我相信在工作中合作比竞争更有助于提高成绩	1	2	3	4	5

竞争分量表

条目	等级				
1.当我的竞争者由于他们的成绩获得奖励时,我会嫉妒	1	2	3	4	5
2.我不能容忍自己在争论中输掉	1	2	3	4	5
3.当我在运动竞赛中失利,我会非常伤心	1	2	3	4	5
4.如果别人表现得比我好,会让我烦恼	1	2	3	4	5
5.我喜欢竞争,因为它给我一个发现自身潜能的机会	1	2	3	4	5
6.我喜欢与他人竞争所带来的挑战	1	2	3	4	5
7.我喜欢竞争,因为它能够让我发挥出最佳状态而非获得胜过别人的感觉	1	2	3	4	5
8.只有比其他同事表现得更好,才能够证明我的价值	1	2	3	4	5
9.有时我将考试视为一次证明我比其他人更聪明的机会	1	2	3	4	5
10.即使在一个团队中为了共同的目标一起工作,我也希望能超过团队中的其他人	1	2	3	4	5

【结果说明】

1.该量表分为合作分量表和竞争分量表,合作分量表包括包容性、互惠性、合群意愿三个维度;竞争分量表包括过度竞争、自我成长、超越他人三个维度。哪个分量表的得分越高,则更有相应的倾向。

2.合作与竞争人格倾向评分等级。

等级	合作分量表得分	竞争分量表得分
高	>51	>39
中	27—51	21—39
低	<27	<21

第三篇

军人心理健康状态调适

本篇导读

　　世界上一切事物，都有正反两个方面，人的心理活动也不例外。在我们生存的社会和军营人群中，正常心理活动和异常心理活动，总是具体表现在不同个体和官兵身上，于是，便形成了心理正常的群体和心理异常的群体。有一点应当明确，即便是心理异常的人，他们的心理活动并不全是异常的。比如，一个人的人格可能有某方面的缺陷并伴有思维障碍，可是，他们的感知觉可能是正常的。而且，经过系统治疗，心理的异常部分，也能得到改善或完全被矫正。这说明正常心理活动和异常心理活动之间，能够相互转化。

　　心理异常，又叫心理障碍、心理变态，是指人类心理活动和行为的异常表现。包括感知、记忆、思维、注意、情绪、意志、行为等心理过程和人格等方面明显偏离正常人群，并没有能力按社会（军营）认为适宜的方式行动，不能适应社会（军营）。主要表现为个人自我概念和某些能力的异常（自我适应不良），以及社会人际关系和生活上的适应障碍（社会适应不良）。心理异常的判断不是一个简单的问题，因为人的心理活动非常复杂，同时还受环境刺激、社会文化、人际关系、心身素质和药物等诸多因素的影响，而且这些影响因素是错综复杂地交织在一起的，在复杂的背景下很难用简单的标准评价。如在我国清朝社会里女人要缠足。可是在今天，如果再有人表现出这种行为，就要被人认为是心理不正常。再如，同性恋在我国被视为性心理异常，但在某些西方社会里，却认为是正常的，是一种特殊的生活方式。可见，不同时代、不同地区、不同社会文化，人们对心理障碍有着不同的理解和判断。

军人心理健康状态是军人应对军事生活事件时所呈现的躯体、心理症状。症状是短期内的外在表现,影响军事作业绩效,对军人心理健康状态有预警作用。军人心理健康状态包含抑郁、失眠、社交焦虑、破坏性冲动、军事应激反应、负性认知、自杀等七个方面。

第十二章 抑郁

> "心中的抑郁就像只'黑狗',一有机会就咬住我不放。"
>
> ——[英]温斯顿·丘吉尔

近年来我国越来越重视军人心理健康状况的研究。国内对军人心理健康状况的调查结果显示,军人心理问题检出率高于普通人群。其中,抑郁是表现突出的心理问题之一,军人的抑郁得分明显高于全国常模,并且近年来有增加的趋势。抑郁,是以情绪低落、兴趣降低、意志减弱为基本特征的精神疾患,有轻、中、重程度之分。抑郁症的成因有很多,受生理、心理、社会综合因素的影响。对军人来说,抑郁不仅影响个人生活、人际交往,还影响军事作业绩效乃至部队战斗力的生成。如果您发现自己身处困境,不要担心,也无须回避,因为"黑狗"也许是生命的一部分,它使我们重新认识生活;"也一定不要害怕求助,这样做一点儿都不丢人,因为只有错过生活才是遗憾。"在《我有一条黑狗,它名叫抑郁》的最后,作者说,在那个特殊的时刻,他幸运地寻求了专业的帮助,那是迈向康复的第一步,也是生命的一个转折点。希望本章能给身陷抑郁的战友以勇气,早日走出阴霾,享受阳光下的每一天!

军队是一个特殊的群体,军事作业环境的高复杂性、军事管理的高封闭性、军人使命任务的特殊性,决定了军人及其家庭在生活、工作、情感等方面更容易遭遇压力性事件,使军人体验难过、消沉甚至绝望的情绪。君不见,朋友圈中"躺平""丧爆了""咸鱼"诸如此类态度消极、精神萎靡的词语一度成为网络热搜,殊不知,这些都意味着抑郁症在悄悄逼近。丘吉尔曾说,"心中的抑郁就像只黑狗,一有机会就咬住我不放。"抑郁、抑郁情绪、抑郁症是一回事吗?当和它们不期而遇时,我们该如何应对?接下来的阅读将会让我们初步了解自助的方法、他助的途径,甚至获得助人的能力。亲爱的战友,只有我们了解和掌握了科学的方法才能走出抑郁,而当走过抑郁,我们才会变得更加强大、更加珍惜美好的生活。

一、什么是抑郁

中国最早在《黄帝内经》中,记载了大量的"悲""不乐""忧"等负性情绪,古人叫它"忧郁症",西方心理学称之为"抑郁症"。从医学之父希波克拉底开始,就有学者研究忧郁症,西方文献中,曾经把忧郁症,归咎于"胆汁过多的毛病"。这种古老的问题并没有随时间消散,2012年世界卫生组织调查发现,全球约有3.5亿抑郁症患者,不到20个人中,就有一个曾经或目前患有抑郁症。

抑郁,是以情感持续性低落为基本特征的精神疾患,患者情绪低落、兴趣减低、悲观、思维迟缓、缺乏主动性、自责自罪、饮食与睡眠差、担心自己患有各种疾病、感到全身多处不适、严重者可出现自杀念头和行为。抑郁有轻、中、重程度之分,可分为抑郁情绪、抑郁症状、抑郁症。

抑郁情绪是一种负性情绪,如郁闷、忧伤、沮丧、缺少快乐、心情不佳等。抑郁情绪一般为正常的心理反应,以情绪低落为主要表现,患者对平时感到愉快的活动兴趣降低,具有明显的情境性,往往由某些生活事件或情境引发,随着时过境迁会淡化和消失,持续时间短。多数不需要医学处理。如果只是暂时出现情绪低落、兴趣丧失,那么可能是抑郁情绪的表现;如果时间持续较长,负性情绪反应加重,就会发展为抑郁症状。

抑郁症状是一组症状综合征,以显著抑郁心境为主要特征。其基本表现和抑郁情绪类似,患者丧失兴趣或愉快感,表现有情绪、行为和躯体症状,但程度要严重得多,往往伴有明显的生物性症状(如睡眠障碍、体重、食欲和性欲下降等)和精神病性症状(如情绪低落、思维迟缓等),全身多处出现功能性不适。但抑郁症状并不等于患有抑郁症,只能说明患者处于一种疾病的状

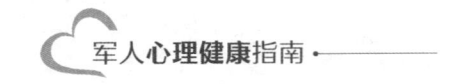

态,因为其他的心理疾病同样会导致抑郁症状。抑郁症状持续时间略长,需要医学处理。

抑郁症是一种心理疾病。患者不仅会出现抑郁情绪、抑郁症状,还会伴随由各种原因引起的其他异常情绪,是以显著而持久的心境低落为主要临床特征的一类心境障碍,至少持续2周,影响患者的社会功能,需要医学处理。

抑郁症早期我们可能很难意识到它,但发展到后期会带来严重的后果甚至个体会付出生命的代价。希望本章内容能够帮助战友们正确认识抑郁,积极应对抑郁,维护好自己的心理健康。

二、抑郁的表现和诊断

(一)抑郁的表现

1. "垂头丧气"——出现郁闷、悲伤、绝望、沮丧等生活情绪

起初有些患者会否认悲伤,但深入交谈会流露出来(例如,看起来他/她快要哭了);有些患者感觉"空虚"、情感麻木或焦虑;有些患者强调身体不适(如躯体疼痛);但在儿童和青少年中,表现的往往不是心境悲伤或沮丧,而是区别于受挫时的易激惹或情绪暴躁。

2. "兴趣寡淡"——失去兴趣或愉悦感

患者感到丧失了原来的兴趣和爱好,以前认为愉快的活动,不能带来愉快的感觉(如以前工作热情的人懒于工作,喜欢篮球的战友找借口躲避打球,争强好胜的人对成败漠不关心);身边亲近的人会发现患者社交退缩;有些患者性兴趣和性欲显著下降。

3. 食欲减退或增加

有些患者不得不强迫自己进食,有些患者可能会吃更多或对某些特殊的食品需求量增大(如甜食或其他碳水化合物)。食欲的减退或增加可能出现体重显著变化,但儿童可表现为体重没有得到预期的增加。

4.睡眠障碍

睡眠障碍可表现为失眠或睡眠过多。失眠通常表现为中段失眠(夜间醒后再入睡困难)、终末失眠(早醒,无法再次入睡)、早期失眠(入睡困难);睡眠过多(嗜睡)的人,表现为睡眠时间延长或日间睡眠增加。睡眠紊乱有时会成为抑郁患者的就诊原因。

5.精神激越或迟滞

患者精神激越表现为静坐不能、来回踱步、绞手及摩擦、揉搓皮肤、衣物或其他物品等,精神迟滞表现为讲话、思维和身体动作减慢,回答前停顿增多,讲话时音调减低、语调低平、词汇减少、内容贫乏、沉默不语等。这些症状必须严重到能被他人察觉,而不仅仅是主观感受。

6.精力减退

抑郁个体即使没有做重体力活,也感到持续疲劳,哪怕是微小的活动也需要极大的努力,且效率下降。例如,患者抱怨洗漱和穿衣让人精疲力竭,并且耗时超乎寻常的多。

7.无价值感或自罪感

患者否定过去,畏惧现在,看不到未来。患者对微不足道的失败过度反思,过分自责,认为现状都是自己的过错,这种无价值感或自罪感可能有妄想的成分(例如,患者认为自己应该对世界贫困负责),但因患病不能工作或承担社会责任不属于妄想。

8.集中注意力困难或记忆力下降

患者容易分心或者主诉记忆困难,无法进行认知的相关活动。青少年表现为学习成绩急剧下降,军人表现为工作效率、军事作业绩效(如射击)下降。记忆力下降可能成为老年人就诊的主要原因,也可能被误认为是阿尔茨海默病的早期征兆("假性痴呆")。当抑郁发作治愈后,记忆问题往往随之消失。然而,对一些人尤其是老年人而言,有时抑郁发作是不可逆转的阿尔茨海默病的早期表现。

9.自杀意念或自杀未遂

自杀意念表现为早晨不愿醒来,认为自己死后别人会过得更好,患者有短暂但频繁的自杀想法,更严重的自杀倾向者可能开始着手安排后事(如更新遗嘱、清偿债务),选择自杀的地点和时间等。

(二)抑郁症的诊断标准

根据美国精神医学学会编著的第五版《精神障碍诊断与统计手册》(DSM-5),重性抑郁障碍的诊断标准如下。

A 在连续的2周内有5(或更多)项下述症状,并且是原有功能的改变;其中至少有一项症状是心境抑郁或者对活动失去兴趣或愉快感。

不包括显然由于躯体情况所致的症状。

(1)几乎每天大部分时间心境抑郁,可由主观体验(如感觉悲伤或空虚,无望)或他人观察到(如流泪)。(注:儿童和青少年可表现为易激惹)

(2)几乎每天大部分时间对几乎所有的活动的兴趣或愉快感显著减低(主观体验或他人观察到)。

(3)没有节食时体重明显下降,或体重明显增加(如一个月内体重变化超过5%);或几乎每天有食欲减退或增加。(注:儿童要考虑体重没有得到预期增加的情况)

(4)几乎每天都有失眠或睡眠过多。

(5)几乎每天都有精神运动性激越或迟滞(不仅主观感到坐立不安或迟滞,而且他人能观察到)。

(6)几乎每天都感到疲倦或缺乏精力。

(7)几乎每天都感到自己无用,或有不恰当的或过分的内疚(可达到罪恶妄想的程度,不仅是为患病而自责或内疚)。

(8)几乎每天都有思维能力或注意集中能力减退,或者犹豫不决(主观体验或他人观察到)。

(9)反复出现死的想法(不只是怕死)、反复出现自杀意念但无特定的计划,或有自杀未遂,或有特定的自杀计划。

B 症状引起具有临床意义,或社交、职业及其他重要功能的损害。

C 此障碍并非由于物质的使用或躯体情况的直接生理效应所造成。

注意:标准 A-C 代表一次抑郁发作。对于重大丧失的反应(如丧亲、经济损失、自然灾害、严重的疾病或残疾)可能包括标准 A 中提到的极度悲伤、对丧失的思绪反刍、失眠、食欲不振、体重减轻,类似一次抑郁发作。虽然这些症状可以理解或被认为是对重大丧失做出的适当反应,但在此适当反应之外是否存在抑郁发作仍需慎重考虑。诊断必须基于临床决策实践,而后者须建立在个人经历及所处文化环境中面对丧失时痛苦表达模式1基础之上。

D 抑郁发作不能用分裂情感性障碍、精神分裂症、精神分裂症谱系、妄想性障碍、其他特定和非特定精神分裂症谱系或其他精神病性障碍来解释。

E 从未出现躁狂发作或轻躁狂发作。

注意:若所有的躁狂样发作、轻躁狂样发作由物质或其他躯体情况的生理效应所致,不适用此排除标准。

诊断注意事项:抑郁症的诊断必须在专业精神科医生的诊疗下,依据病史及临床诊断方可下结论。

三、为什么会发生抑郁?

虽然有大量关于抑郁症成因的研究,但总体来说,病因仍不十分清楚。目前发现抑郁症的产生与遗传、神经系统的结构、个人性格和心理因素、家庭和社会环境等有关。近年来,科学家又发现,气温及气温变化是抑郁症的重要环境因素。温度升高会降低人们的积极情绪,增加消极情绪和疲惫感。与人体的舒适温度(23℃)相比,气温每升高1摄氏度心理压力增高0.2%。2010年山东省发生了罕见的极端气候事件,高温热浪事件是其中之一,研究者对济南的4次热浪天气对心理健康的影响研究发现,热浪期间心理疾病的日就诊人次显著上升,并且热浪天气对健康的影响不仅限于当天,还会对之后的数天有显著的影响,即"滞后效应"。军事作业常常长期暴露于高、低温环境中,应该注意维护军人的身心健康,防止抑郁的发生。总体而言,抑郁症是一种由社会-心理-生理共同作用而引起的疾病,下面我们将从心理学的角度给大家说明抑郁的成因。

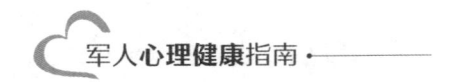

（一）素质-压力与抑郁发生有关

素质-压力模型是抑郁发生的一个心理学模型。这个模型说明抑郁的产生和两个因素有关。第一个因素是压力（Stress），或称为压力源，可以理解为消极生活事件，一般指一个人失去爱、安全、自我认同和自我价值，如，亲人离世、恋爱关系的终结或者受挫的经历等。现有研究表明，消极生活事件多，持续时间长，容易发生抑郁。第二个因素是素质（Diathesis），是指个体存在的容易发生抑郁的先天的生理、心理因素，如免疫力低、个性内向、消极认知方式等。它影响着消极生活事件带给个体生理、心理、功能伤害的大小。压力和素质在抑郁发展中相互作用，共同影响抑郁的发生，即：压力大、持续时间长，易感素质低可以得抑郁，压力小、持续时间短，易感素质高同样可以得抑郁。反之亦然。

抑郁的人常见两种反应：无望（最初的抑郁反应）和无价值（长期的抑郁体验）。当个体认为自己或他人不能给予预期的结果，或是个体无法避免消极的结果时就会感到无望，从而引起沮丧和退缩；当个体认为自己软弱堕落或一无是处时，就会感到无价值。比如某个战士遭遇负性生活事件（与女朋友分手）导致情绪低落，接着在体能测试中遇到挫折，出现兴趣降低和行为退缩（对爱吃的东西失去兴趣，对参与集体活动失去兴趣），感到无望；他认为自己很失败，无能，产生无价值感，这就产生了最初的抑郁情绪。抑郁情绪得不到缓解，就可能出现抑郁症状，甚至患上抑郁症（图12-1）。

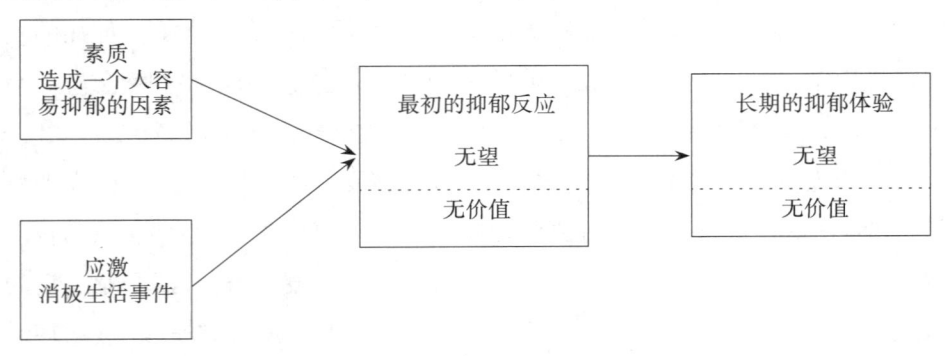

图12-1 抑郁的素质—压力模型图示

（二）负性认知与抑郁形成有关

认知是人类基本的心理过程，就是人们对身边的人和事的感觉、知觉、评价、看法等，它影响我们的情绪，支配我们的行为。负性认知与抑郁发生有关，是指对身边的人和事的消极的感觉、知觉、评价、看法等。抑郁个体的负性认知主要是指与自我有关的消极看法，包括对自我的消极看法（认为自己是有缺陷的、不足的、无价值的）；对世界的消极看法（对当前的生活状况不满，认为这个世界对他们有不合理的要求）；对未来的消极看法（对未来没有希望、悲观地看待自己取得成就的能力）。心理学家贝克认为抑郁个体对自己、世界和未来的消极看法，是所有抑郁个体的主要负性认知特征。

负性认知为什么会导致抑郁呢？因为负性认知让我们使用消极的、歪曲的方式看待身边的人和事，即关注生活的消极面，以自我受挫的方式解释生活事件。这些消极的、歪曲的方式包括：选择性概括（仅根据个别细节不考虑其他情况就下结论，如，盲人摸象）、任意推论（缺乏证据就草率地下结论，如，某战士因为体能中的一项考核不理想就认为自己身体素质不好，体能差）、以偏概全（结论的应用范围过于宽泛，如，一个班级有两名来自同一地区的战士能吃辣椒，就认为这个地区的人都能吃辣椒）、绝对化思维（非黑即白的思维倾向，看问题要么全对，要么全错）。

以消极、歪曲的方式解释自己的经历，导致对自我、世界、未来的消极看法，使我们躯体紊乱（失眠）、动机障碍（被动）和情感失调（悲伤），抑郁就产生了。

（三）消极归因方式与抑郁形成有关

归因，就是人们如何解释自己和他人行为的原因。我们这里以美国心理学家韦纳（B.Weiner）的归因理论为基础。韦纳认为，把个人的成功与失败做任何方面的归因，都会引起人们不同的情绪、认知和行为，消极的归因方式容易产生抑郁情绪。如果将我们的失败或者无法控制的生活事件，归因为内部的（这是我的原因而不是环境的原因）、稳定的（这不是暂时的而是永远的）、整体的（这会影响我生活的各个方面），就会产生抑郁。如某战士在射击考核

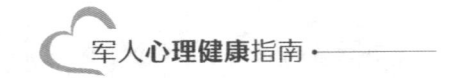

中发挥失常,没有通过考核,将原因归为内部因素("是我笨"—产生悲哀情绪),而不是外部因素("风速影响打靶精准度"—使人生气)。如果他选择一个除能力外不太稳定的内部品质来解释考核成绩("前一天晚上没有休息好"),而不是将成绩归因于一个内部的、稳定的而且有整体或远期影响的因素—"笨",或者将解释限定在打靶考核而不扩展到其他方面,也就不容易产生抑郁了。

四、如何应对抑郁

抑郁被人们称为心灵感冒,每个人都会遇到这样的情绪困扰。抑郁情绪产生后,我们首先应采用一些自我心理调节方法。

(一)保持压力距离

1. 建立合理目标,减少压力源

"欲得其中,必求其上;欲得其上,必求上上。"先贤教导我们在目标和结果中间要有一定的差距时,要设置更高一级的目标。远大的理想固然没错,但如果没有理性地评估自己的能力,很可能欲速则不达。因此,无论是工作、学习还是生活,为自己设立理性的、可操作的目标,使压力在合理范围,压力才能变为促进我们不断成长的动力,而不至于因目标无法实现时造成压力过大而产生抑郁。

2. 缩短压力持续时间

长期压力会对人们的认知、情绪、意志造成负面影响,使人们的注意力不集中,情绪不稳定,意志消沉,还会在大脑结构、免疫系统、内分泌系统等生理方面造成伤害。一张一弛,文武之道。有研究指出,体育锻炼使身体产生显著的生理变化,不仅能唤起新陈代谢,促进生理系统平衡,还会使身体产生β-内啡肽——一种与吗啡具有同样特性的神经肽,能使人心情愉悦,因此"内啡肽"被称为快乐激素。游泳、跑步、散步都能产生这样的效果。当你处于压力之中,不妨暂且搁置产生压力的事件,抽出时间锻炼一下,将不良情绪的能量发泄出去,缩短压力持续作用于个体的时间,等状态好转时再做认真的考虑。

(二)积极健康认知

1.接纳负性情绪

接纳情绪是疏解情绪的前提。接纳负性情绪,承认并尊重它的存在,不评判对错,不贴标签。只有这样,才不会下意识地产生"逃避"或者"压抑"的念头甚至行动,才能在面对问题时,拥有一颗平常心。

2.树立理性信念

艾里斯的合理情绪ABC理论告诉我们,引起我们的消极情绪(Consequences)的不是事件本身(Activating events),而是对事件的解释和看法(Beliefs)。引发消极情绪的不合理信念主要特征是:绝对化要求、过度概括化、认为糟糕至极。

绝对化要求即"必须"怎样,"应该"怎样,持这种信念的人极易产生情绪困扰,然而客观事物的发生并不是依照个人主观愿望而转移,当你的脑海里浮现这类字眼时,不妨将它们换成"可以是"和"也许"。过度概括化即以偏概全的评价,无论是对自身还是对他人,以偏概全的评价都会导致焦虑和抑郁情绪的产生。金无足赤,人无完人。ABC理论主张不对人做概括性评价,而只是评价人的某一行为和表现。糟糕至极的信念认为某一事件的发生会导致灾难性的后果,而使个体陷入抑郁情绪不能自拔,而事实上没有任何一件事情是百分之百糟糕透顶的。

3.转变角度看问题

升华使我们苦恼的事件或要求,将消极情感引导到对人、对己、对社会都有利的方向,与社会责任感联系起来,鼓舞个体振作精神,奋发向上,就有可能在精神上使自己由被动转化为主动,化压力为动力,进而可以使抑郁、烦恼变为怡然自得、乐在其中。在部队转型期间,每名战友都可能面临新的抉择和挑战,是患得患失,还是重整行装再出发?于个人来说,是无数人生的考验之一,于国家军队而言,则是强军兴军的必由之路。将个人命运和军队、国家命运结合——升华这一情感是人类心灵迸发出来的火花,是人类赖以生存和发展的重要情操,更是一种高级的心理防御机制。

4. 科学理性归因

人们通过对事件及行为的归因来决定自己今后的行为。对事件内归因的人被称为内控者(internal control)，他们把成功归于个人的努力，把失败归于个人的疏忽，相信事在人为；对成功外归因的人被称为外控者(external control)，他们把成功归于运气，把失败归于命定，相信人的命运受环境摆布。

不同归因风格导致不同的情绪体验与心理感受。内控者律己且有进取心，但缺乏弹性；外控者被动、消极、缺乏效率，但在面对一些重大的、不可逆的事件时，外归因有助于减压甚至生存。因此，从心理健康的角度看，综合归因更有利于心理卫生。当我们失败时，可以先顺应本能外归因，然后再尝试从自身找原因，并思考改进或调节的对策。外因通过内因起作用，因此特别要找到使外在不利因素产生作用的内在因素。当别人成功时，我们要学着内归因，这样不仅有利于我们取长补短，而且也向他人发出尊重、友善的信息。可以说，这也是一种"马太效应"：好心情让你的生活更加美好。

（三）寻求社会支持

社会支持是一种有益的人际交往，通过给予者与接受者之间言语或非言语交流可以降低精神紧张程度，加强对生活经历的自控感，提升社会适应能力。社会支持不仅包括客观可见的社交网络，直接的物质援助等，也包括在社会实践中个人受到尊敬、理解、支持的主观体验，以及个体对社会支持的利用率。

主动交往，建立联结。来自五湖四海的战友们聚集在军营这个大集体中，每个人的家庭环境、教育背景、性格特征都不一样，在与人交往中要尊重他人，在新的关系体系中建立联结，获得爱与归属感。

学会倾诉，说出情绪。心理生理学研究发现，倾诉可以改变大脑中情绪中枢的反应，有助于减轻消极情绪带来的痛苦。一件引起我们负性情绪的事件发生时，可以试试这样来描述：当我看到(或听到)……，我感到……，因为这会让我认为……，所以能不能……，这就是倾诉四步法——一说事实，二谈感受，三亮观点，四讲期待。在倾诉中释放情绪、识别情绪、建立紧密的人际关系和获得必要的社会支持，从而改善抑郁。

当"自助"调节没能缓解抑郁情绪,一定不要讳疾忌医,别忘了还有"他助"的方式——向专科医生求助,心理医生会根据每个人不同的情况进行有针对性、系统化的心理、物理和药物等方面的治疗。

五、抑郁的自我评估

抑郁自评量表(Self-rating depression scale,SDS),使用简便,能直观地反映抑郁患者的主观感受及其在治疗中的变化,包含20个项目,是4级评分的自评量表。主要适用于具有抑郁症状的成年人,并可以评定抑郁症状的轻重程度及在治疗中的变化。如果您有这方面的需求,不妨跟随下面的指导语,进行一下自测。

抑郁自评量表

亲爱的战友:

请认真阅读每句话,然后根据该句话与您现在情况[最近一周,包括今天]相符合的程度,在您认为最符合的数字上画"√"。数字代表的意思如下:1=从无或偶尔;2=有时;3=经常;4=总是如此。

每个题只能选一个答案。本测验没有时间限制,但对测试题不必过多考虑,如实作答就可以了。请务必回答每个问题,不要有遗漏。

项目	从无或偶尔	有时	经常	总是如此
1.我感到情绪沮丧、郁闷	1	2	3	4
2.我感到早晨心情最好	1	2	3	4
3.我要哭或想哭	1	2	3	4
4.我夜间睡眠不好	1	2	3	4
5.我吃饭像平时那样多	1	2	3	4
6.我的性功能正常	1	2	3	4
7.我感到体重减轻	1	2	3	4
8.我为便秘烦恼	1	2	3	4
9.我的心跳比平时快	1	2	3	4

续表

项目	从无或偶尔	有时	经常	总是如此
10.我无故感到疲劳	1	2	3	4
11.我的头脑像往常一样清楚	1	2	3	4
12.我做事情像平时一样不感到困难	1	2	3	4
13.我坐卧不安,难以保持平静	1	2	3	4
14.我对未来感到有希望	1	2	3	4
15.我比平时更容易激怒	1	2	3	4
16.我觉得决定什么事很容易	1	2	3	4
17.我感到自己是有用的和不可缺少的人	1	2	3	4
18.我的生活很有意义	1	2	3	4
19.假若我死了别人会过得更好	1	2	3	4
20.我仍旧喜爱自己平时喜爱的东西	1	2	3	4

【结果说明】

1.该量表反映抑郁状态的四组特异性症状,其中精神性－情感症状包括1、3共2个条目;躯体性障碍包括－2、4、－5、－6、7、8、9、10共8个条目;精神运动性障碍包括－12、13共2个条目;抑郁的心理障碍包括－11、－14、15、－16、－17、－18、19、－20共8个条目。

2."－"号表示反向计分题,其余为正向计分题。正向计分题,依次评为粗分1、2、3、4。反向计分题,则评分为4、3、2、1。

3.抑郁评分等级:将20个条目的得分相加,即得总粗分。总粗分的正常上限参考值为41分,标准分等于总粗分乘以1.25后的整数部分。分值越小越好。

4.该量表评分等级依据标准分划分:

等级	得分
无抑郁	<53
轻度抑郁	53—62
中度抑郁	63—72
重度抑郁	>72

＜53分：从本次测评来看，您目前没有抑郁或抑郁水平很低，继续保持好心态；

53—62分：从本次测评来看，您有轻度抑郁，建议您寻求家人、朋友的帮助，调整心态；

63—72分：从本次测评来看，您有中度抑郁，建议您寻求专业的心理咨询师或精神科医生的帮助；

＞72分：从本次测评来看，您有重度抑郁，建议您尽快寻求专业的心理咨询师或精神科医生的帮助。

第十三章 失眠

> "夜中不能寐,起坐弹鸣琴。薄帷鉴明月,清风吹我襟。"
>
> ——阮籍

睡眠与觉醒是我们大脑的节律性生理过程,人的一生有三分之一的时间用于睡眠。睡眠对个体的身心健康和工作学习效率至关重要。睡眠不足不仅会扰乱生活节律,失眠还直接影响躯体及心理健康。医学研究告诉我们,长期睡眠不足会导致认知能力下降,记忆力减退,损害免疫系统,甚至导致糖尿病、冠心病等多种慢性疾病。对军人来说,失眠会降低战士们的肌肉反应性,影响军事作业绩效;而男性每天睡眠不足4小时,死亡风险为普通人群的4倍,使非战斗减员的风险大大增加。"挑战者"号航天飞机失事,苏联切尔诺贝利核泄漏事故都与操作人员长期睡眠不足导致的操作失误有关。

军事作业中的睡眠历来是重要的军事问题之一。出其不意、攻其不备才能给敌方致命一击,军事打击往往围绕敌我双方的睡眠阶段展开,古今中外,概莫能外。因此世界各军事强国都对军人睡眠问题做了深入探讨。军人睡眠质量不仅关系到军事人员个体的身心健康和军事作业绩效,更关系到军队整体战斗力的维持和提升。毛泽东主席曾经说,睡眠和休息丧失了时间,却取得了明天工作的精力。南宋理学家蔡元定的《睡诀铭》提道:睡侧而屈,觉正而伸,早晚以时,先睡心,后睡眼。朱熹深得其法,解决了他失眠的问题。这提示我们,睡眠障碍要从个体因素、环境因素认识其产生,从自我调节开始做合理调整。在现代社会,随着科学的发展,我们认识到寻求社会支持的重要性,以及专业咨询和科学救治对睡眠障碍的作用。希望下面的内容能够帮助战友们了解睡眠障碍,学习改善睡眠质量的方式,愿每位战友都能有一个良好的睡眠。

一、什么是失眠

由于工作压力大、作息不规律导致失眠,医学上称为睡眠障碍(Sleep Disorder)。睡眠障碍是指睡眠量不正常以及睡眠中出现异常的行为,也指睡眠和觉醒不规律,出现交替紊乱。失眠问题是睡眠量不足的一种睡眠障碍,失眠又称失眠症,在《精神障碍诊断与统计手册(第五版)》中被称为失眠障碍。失眠流行病学问卷调查显示,近一半的人在过去的1个月中经历过失眠,约1/4的人达到失眠障碍的诊断标准。低质量的睡眠会产生焦虑、抑郁等消极情绪,影响工作效率、人际关系,进而加重睡眠问题,形成恶性循环。

2001年,为了引起人们对睡眠重要性和睡眠质量的关注,国际精神卫生组织将每年的3月21日定为"世界睡眠日"。中国睡眠研究会发布的《2021年运动与睡眠白皮书》显示,当下中国有超3亿人存在睡眠障碍,中国成年人失眠发生率高达38.2%。世界卫生组织调查的全球睡眠障碍发生率则为27%。

《晋书·刘琨传》中说,"吾枕戈待旦;志枭逆虏;常恐祖生先吾著鞭。""枕戈待旦"是军人职业的社会功能与军人在睡眠上的自然需求的真实写照。军人的睡眠易受到多种不利因素的影响,如,不分昼夜的军事行动、高度警觉性、心理压力等,而军事行动产生的应激,进而引发失眠的发生率远远高于平民的睡眠失眠发生率。

国外调查研究发现,约有75%的现役空军在参加军事行动时的睡眠质量更差。2011年,一项针对参加伊拉克和阿富汗战争的军人的调查显示,从战场回来后立即测试,发现有41%的军人存在睡眠问题,战场回来三个月后这一比例为36%。军事应激睡眠障碍容易导致26%的脑外伤患者向创伤后应激障碍的发展,容易导致41%的脑外伤向抑郁症的发展。

2013年,国内一项针对入伍的男性新兵睡眠状况的调查显示,13.8%的新兵存在睡眠质量异常,高于正常男性群体(普通男性群体9.76%)。睡眠质量差导致攻击行为发生率升高:睡眠异常者攻击行为发生率为9.73%(高于睡眠质量正常者2.7%),睡眠异常与攻击行为正相关。另外,睡眠剥夺可导致军事作业绩效下降和决策能力受损。2020年5月,军事医学科学院和人民军医出版社联合发表了一篇综述指出,睡眠不足影响军人健康和备战状态,军人失眠发生率高于普通人群且质量更差,军人失眠与抑郁症、焦虑症、身体健康状况差、单位战备水平低等问题显著相关。

二、失眠的表现及诊断

(一)失眠的表现

失眠主要表现为睡眠时间显著减少(整夜睡眠时间少于5小时)和睡眠质量显著降低,入睡困难、浅睡、易醒或早醒等,以及极度关注失眠带来严重后果的焦虑情绪。有些人入睡困难,表现为辗转反侧难以入睡,在等待天亮的痛苦、烦恼中,在后半夜的迷糊中不知不觉睡去;有些人维持睡眠困难,表现为睡眠浅容易惊醒,或是在睡眠中频繁醒来,醒后无法再入睡,或是虽能入睡,但是睡眠过浅,为清醒样睡眠;有些人早醒,表现为睡眠时间只有四五个小时或者更少,早醒后无法入睡。由于睡眠量不足,大部分人在起床后有相当程度的难受感,入睡时间越晚起床精神越差,且第二天往往头痛不堪,身心俱疲,严重影响日常生活。军人由于职业的特殊性,时常往往面临着高强度的训练、高标准的考核等;在非作战行动中或战时又面临着长时间持续的军事行动。睡眠质量直接制约着军人的训练效率和作战能力,影响部队的战斗力水平。

有研究表明,睡眠障碍是军人执行军事战斗任务之后罹患创伤后应激障碍、抑郁和焦虑障碍的重要危险因素。由此可见,睡眠质量是军人心理健康的重要影响因素。因此,治疗和改善失眠状态、提高军人的睡眠质量至关重要。

(二)失眠障碍的诊断

1. 主诉对睡眠或质量不满意,伴有下列1项(或更多)相关症状:

(1)入睡困难。

(2)维持睡眠困难,表现为频繁地觉醒或醒后入睡困难。

(3)早醒,且不能再入睡。

2. 该睡眠障碍引起痛苦,或导致社交、职业、教育、学业、行为或其他重要功能方面的损害。

3. 每周至少出现3晚睡眠困难。

4. 至少3个月存在睡眠困难。

5. 尽管有重组的睡眠机会,仍出现睡眠困难。

6. 失眠不能用其他睡眠－觉醒障碍来更好地解释,也不仅仅出现在其他睡眠－觉醒障碍的病程中(例如,发作性睡病、与呼吸相关的睡眠障碍、昼夜节律睡眠－觉醒障碍、异常睡眠)。

7. 失眠不能归因于某种物质(例如,滥用的毒品、药物)的生理效应。

8. 共存的精神障碍和躯体疾病不能充分解释失眠的主诉。

诊断注意事项:以上诊断依据《精神障碍诊断与统计手册(第五版)》,所有诊断均需在精神专科医生问诊并结合病史和临床症状的情况下确诊。

三、为什么会产生失眠

失眠是怎么形成的呢?我们可以从内部因素和外部因素两方面来理解。

(一)个体内部因素

1. 躯体因素

躯体疾病本身(如各种脑病、内分泌障碍、代谢异常等),会引起个体的睡眠状态异常。另外,一切引起不适的躯体疾病(如疼痛、瘙痒、剧烈咳嗽等)都可能会出现失眠,患者难受到难以入眠,只有当这种不适缓解的时候睡眠才有所改善。

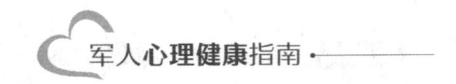

2.心理因素

不同的生活事件会引发我们不同的情绪。升职加薪、受到领导嘉奖等可能会使我们过度兴奋；面临考核、调职调衔等可能会导致焦虑、恐惧等消极情绪；长时间的异地恋、两地分居等又往往会使人倍感思念。无论是焦虑、恐惧，还是过度思念或兴奋等，这些心理因素都会增加我们出现失眠的可能性。有很多研究证实，伴有抑郁或焦虑症状的军人失眠发生风险更高。

3.行为因素

玩手机、缺少运动、熬夜和深夜进食，并称为睡眠恶习中的四大金刚，它们让失眠不再是老年人群的专属。其中睡前玩手机一项以其更新快、全龄段等特点，一举收割了73%的手机修仙党，成为睡眠的头号天敌。

此外，行为因素还包括经常性地喝咖啡或浓茶、抽烟喝酒等。经常吸烟的个体出现失眠的概率要比正常人大，除了香烟中含有尼古丁这一类影响睡眠质量的化学物质外，还因为吸烟能够造成躯体依赖和精神依赖。观察发现，在人们停止吸烟后的数十分钟到数小时之内便开始想吸烟，并感到烦躁、心神不宁、坐立不安，继而出现乏力、腹部不适、精神萎靡、困倦及失眠等睡眠障碍症状。酒精、咖啡和浓茶能使个体的睡眠变浅，浅睡眠时间延长，中途醒转次数增多，使人的睡眠变得断断续续，进而影响睡眠质量。另外，熬夜会打乱人的正常生物钟，使大脑神经长时间高度兴奋，导致脑血管扩张而引发失眠，久而久之会使偶发性失眠发展成为慢性失眠。

（二）外部环境因素

美军大样本研究显示，应激性生活事件，多次结婚，较低的领导支持、单位凝聚力，缺乏足够的社会支持，如资金保障、物质保障等都是导致士兵失眠的危险因素。

对于新兵群体来说，初入军营面临着全新的环境、全新的生活方式和全新的人际关系。无论是从入伍前的单人间到入伍后的集体宿舍的改变，还是从在家的熬夜成瘾作息紊乱到部队的按时就寝规律作息的改变，或是从亲人朋友在身边的熟悉环境到远离父母好友的陌生环境的改变，都很容易导致新兵在入伍初期出现睡眠问题。此外有文献报道,服役时间长的官兵也容易出现睡眠质量差的情况,这可能与服役时间长的军人面临复员退役和再就业的压力等有关。

睡眠环境不佳,如光线过强、噪音过多、值夜班、坐车船、执行任务等会对军人的睡眠造成影响。

服用部分药物也有可能导致失眠。如,抗抑郁药阿米替林,可引起夜间烦躁不安从而入睡困难,西酞普兰、帕罗西汀等抗抑郁药,可能导致入睡困难和睡眠时间缩短;利尿剂可引起夜尿增多从而导致睡眠质量受到影响;他汀类药物也可以起睡眠障碍,其中辛伐他汀、阿托伐他汀等脂溶性药物,能引起中枢神经的兴奋,从而导致失眠。

四、如何应对失眠

睡眠一直是军事心理学研究的核心内容,拥有良好的睡眠质量不仅有利于缓解军人的焦虑、抑郁等消极情绪,改善其心理健康状况,还可以提升军人在日常工作训练学习中的效率,促进整体战斗力的生成与提升。如何应对这一问题——防患于未然是上策。从管理层面来说,要科学施训,建立弹性制度和行动计划保障官兵睡眠。例如,出台具体措施保障睡眠,如,制定除站岗、夜间训练和演习等特殊任务外,允许每晚8小时不间断睡眠的规定,建立常态化的军人睡眠情况筛查制度和必要的睡眠健康教育等。

从个人层面来说,掌握睡眠心理管理策略也是非常必要的。

(一)接纳失眠

失眠的人在关注到睡眠问题后,会想:"我今天不会又睡不着吧?要是今天一整晚都睡不着该怎么办?"这样一来,焦虑恐惧会在睡前出现,失眠就变得更加严重。对失眠的恐惧以及对睡眠问题过度关注,导致对失眠的预先恐惧的形成。也就是说,每天还没到睡觉的时候,他们就在害怕失眠了,这种担心就会让自己内心紧张、焦虑,大脑兴奋,反而更加睡不着。所以,我们要学会接受存在睡眠问题的自己,减少对睡眠问题的关注。当你不再想着解决它,不再关注它的时候,睡眠慢慢会恢复它自身的规律。

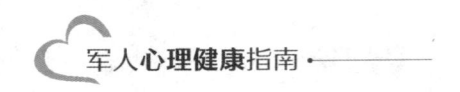

(二)规律作息

有句老话叫:习惯成自然。想要治疗失眠、改善睡眠,我们可以从养成良好的睡眠习惯开始改善。

森田正马先生告诫我们:顺从自然,要绝对服从客观事实、即客观真理的意思。日出而作、日落而息。随着太阳升起,人体体温开始回升,交感神经变得活跃起来,人们展开了正常活动;夜幕降临,褪黑色素分泌增多,副交感神经也开始活跃、身体开始储存能量,是人体细胞休养生息、推陈出新的重要时刻。因此,要让自己建立睡眠条件反射。一定时间,根据自己的睡眠量固定夜晚的睡眠区间,按时睡觉按时起床;二平心境,主动减少花在床上的非睡眠时间,上床即睡眠,拒绝睡前玩手机;三养心性,做到晚餐轻食七八分饱,睡前放松地阅读,听舒缓的音乐。

(三)创设睡眠环境

对军人来说,适应不同的睡眠环境是军事需求。当然在可能的情况下,创设睡眠环境,使我们愉快进入梦乡,也是我们需要掌握的。对于存在睡眠障碍的个体来说,睡眠环境应当幽雅宁静、清洁舒适,远离噪音、避开光线刺激等。有条件的话,可以在阳台或窗台放置鲜花、盆景,从而达到怡情悦志的效果。一般来说鲜花的香味容易让我们无法入睡,而绿色植物在夜间会与我们抢夺氧气,影响睡眠质量,因此,不宜放在卧室内。卧室内最佳温度为18—22度,人体在这个温度内感觉最舒适,所以比较容易入睡。卧室墙壁的色调以淡色为主,淡绿色、红色等凝重的色彩容易让人兴奋,无法入睡,对于焦虑型失眠者更是大忌;抑郁型失眠者则应避开蓝色、灰色等使人消沉的暗淡颜色。卧室要安静,要足够暗,因为黑暗可以使大脑产生促进睡眠的松果体素。另外选择高15—20厘米的枕头最合适安静入睡。

(四)调节睡眠体温

人体温度与睡眠关系密切。人体体温昼高夜低,就寝前3—4小时体温开始降低,机体从觉醒状态向睡眠状态转变。如果睡眠从体温最低时开始,则睡眠持续时间短;如果从体温最高点下降时开始睡眠,则睡眠的持续时间长。

因此,改善睡眠可以通过调节"体温开关"实现,比如通过睡前沐浴、足浴、适量运动,使体温先升再降,帮助产生困意促进睡眠。沐浴后60分钟左右体温开始下降并产生困意,此时是睡眠最佳时机,因此,尽量在睡前60—90分钟沐浴;温水泡脚在改善血液循环的同时可以促进睡眠;20—30分钟的有氧运动使体温升高,4—5小时后体温就会下降,因此根据睡眠作息,提前进行适当的有氧运动有助于睡眠质量的改善。通过维持适宜的体温,让自己舒适地进入梦乡。

(五)发挥小睡功效

德国杜塞尔多夫大学的研究表明,即使是非常短暂的日间小睡,也能增强我们大脑的记忆处理能力,有助于我们维持或改善随后的表现,提高生理和心理的灵敏度,有效改善情绪。

在昼夜节律的作用下,凌晨1点到2点人体体温最低,睡眠质量最高,修复功能最强,是睡眠黄金期。午后1点到2点是另一个睡眠黄金期,是一天中次优的天然身心修复时段。午后30分钟睡眠,可以抵得上90—100分钟的夜间睡眠,对身体有修复功效,使我们精力更充沛,提高学习能力和执行能力,被称为"可修复期";如果您午后时分恰好有事,傍晚5点到7点间的任意30分钟小憩,同样可以成为一个"可修复期"。如果午休和傍晚小睡都没法实现,那么就见缝插针地抓住一天之中的每个微小的机会。10—20分钟的短睡,能让我们提高注意力和肌肉记忆,感觉更清晰,动作更稳准;5分钟的小盹儿也能让我们减少困顿走神。另外,下午3点后的小睡不宜时间过长,以免影响夜间睡眠。

充足时间的睡眠作用毋庸置疑,小睡的功效不容小觑,我们大可根据实际情况选择适合自己的休息方式,让我们快速恢复战斗力。如果以上措施没有能够缓解失眠,就需要在精神科医生的指导下接受药物治疗。

五、失眠的自我评估

匹兹堡睡眠质量指数(Pittsburgh sleep quality index, PSQI)是美国匹兹堡大学精神科医生 Buysse 博士等人于1989年编制的。该量表适用于睡眠障碍患者、精神障碍患者评价睡眠质量,同时也适用于一般人睡眠质量的评估。如果你有睡眠方面的问题,不妨跟随下面的指导语来自测一下吧!

匹兹堡睡眠质量指数(PSQI)

亲爱的战友:

下面一些问题是关于您最近1个月的睡眠状况,请选择或填写最符合您近1个月实际情况的答案。

本测验没有时间限制,但对测试题不必过多考虑,如实作答就可以了。

请务必回答每个问题,不要有遗漏。

1	过去1个月你通常上床睡觉的时间是	上床睡觉的时间:			
2	过去1个月你每晚通常要多长时间才能入睡	<15分钟 0□	16－30分钟 1□	31－60分钟 2□	60分钟 3□
3	过去1个月你每天早上通常什么时候起床	起床时间:			
4	过去1个月你每晚实际睡眠时间是多少	>7小时 0□	6－7小时 1□	5－6小时 2□	<5小时 3□
从以下问题中选一个最符合你的情况作回答					
5	过去1个月中你是否因以下问题而经常睡眠不好	没有	<1晚/周	1－2晚/周	≥3晚/周
	(a)不能在30分钟内入睡	0	1	2	3
	(b)在每晚睡眠中醒来或早醒	0	1	2	3
	(c)晚上有无起床上洗手间	0	1	2	3
	(d)不舒服的呼吸	0	1	2	3
	(e)大声咳嗽或打鼾声	0	1	2	3
	(f)感到寒冷	0	1	2	3
	(g)感到太热	0	1	2	3
	(h)做不好的梦	0	1	2	3

续表

	(i) 出现疼痛	0	1	2	3
	(j) 其他原因请描述	0	1	2	3
6	你过去1个月中睡眠质量评分	非常好 0□	尚好 1□	不好 2□	非常差 3□
7	过去1个月你是否经常要服药才能入睡	没有 0□	<1晚/周 1□	1—2晚/周 2□	≥3晚/周 3□
8	过去1个月你在开车、吃饭或参加社会活动时难以保持清醒状态吗	没有 0□	<1晚/周 1□	1—2晚/周 2□	≥3晚/周 3□
9	过去1个月你在积极完成事情上是否有困难	没有困难 0□	有点困难 1□	比较困难 2□	非常困难 3□
	评定结果		(	)分	

【评分说明】

PSQI用于评定被试最近1个月的睡眠质量,由19个自评和5个他评条目构成,其中第19个自评条目和5个他评条目不参与计分,在此仅介绍参与计分的18个自评条目(详见附问卷)。18个条目组成7个成分,每个成分按0—3等级计分,累积各成分得分为PSQI总分,总分范围为0—21,得分越高,表示睡眠质量越差。各成分含意及计分方法如下:

1. 睡眠质量(Subjective Sleep Quality)

根据条目6的应答计分,"非常好"计0分,"尚好"计1分,"不好"计2分,"非常差"计3分。

2. 入睡时间(Sleep Latency)

累加条目2和5(a)的计分,若累加分为"0"计0分,"1—2"计1分,"3—4"计2分,"5—6"计3分,即为成分Ⅱ得分。

3. 睡眠时间(Sleep Duration)

根据条目4的应答计分,">7小时"计0分,"6—7小时"计1分,"5—6小时"计2分,"<5小时"计3分。

4. 睡眠效率(Habitual Sleep Efficiency)

(1) 床上时间=起床时间(条目3)−上床时间(条目1)

(2) 睡眠效率=睡眠时间(条目4)／床上时间×100%

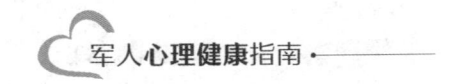

（3）成分Ⅳ计分为睡眠效率＞85％计0分，"75％—84％"计1分，"65％—74％"计2分，"＜65％"计3分。

5.睡眠障碍（Sleep Disturbance）

累积5(b)至5(j)各条目分，若累积分为"0"则成分Ⅴ计分为0，"1—9"计1分，"10—18"计2分，"19—27"计3分。

6.催眠药物（Used Sleep Medication）

根据条目7计分，"没有"计0分，"<1晚／周"计1分，"1—2晚／周"计2分，"≥3晚／周"计3分。

7.日间功能障碍（Daytime Dysfunction）

累积条目8和9得分，若累积分为"0"则成分Ⅵ分为0，"1—2"计为1分，"3—4"计2分，"5—6"计3分。

PSQI总分=成分Ⅰ＋成分Ⅱ＋成分Ⅲ＋成分Ⅳ＋成分Ⅴ十成分Ⅵ＋成分Ⅶ。

【评分等级】

等级	得分
很好	0—5分
还行	6—10分
一般	11—15分
很差	16—21分

0—5分：您的睡眠质量不错，继续保持良好的生活习惯；

6—10分：您的睡眠质量尚可，增加一些促进睡眠的措施有助于提高您的睡眠质量；

11—15分：您的睡眠质量一般，可能存在一些影响您睡眠的事件或者不良的习惯，建议您找到影响睡眠的原因，对症下药，改善睡眠状况；

16—21分：您的睡眠质量很差，建议您寻求专业咨询或专科医生的帮助。

第十四章 社交焦虑

> "友情是生命中的一盏明灯,离开它,生命就没了光彩;离开它,生命就不会开花结果。"
>
> ——巴金

在社交活动中,比如公众演讲、约会、和领导谈话、作自我介绍等,人们心里有一些紧张、焦虑是正常的。研究也证明适度的焦虑有助于更好地完成任务。然而,当我们面对别人时,害怕被别人负面评价的焦虑或恐惧强烈到影响我们的正常生活和军事训练,并开始逃离这种社交情景时,就是另外一回事了。美国著名心理学家埃利斯认为:导致我们的情绪反应和行为的不是事件本身,而是我们对事件的看法和信念。而社交焦虑障碍患者在认知上最显著的特征是害怕别人对自己的消极评价,并担心这种消极评价会带来不能承受的后果;同时生理上会出现脸红、出汗、呼吸急促、心跳加快、肌肉紧张、腹泻、声音颤抖或结巴等信号。因此从心理学来说,认知行为疗法是克服社交焦虑的有效措施,改变有关自我负面的想法和信念。停止命令自己"我必须更加有趣,我必须表现很好……"接纳不完美的自己非常重要。俗语说的"金无足赤,人无完人"便是这个道理。最后,请相信自己,"铁杵成针""水滴穿石",社交焦虑是可以克服的。

一、什么是社交焦虑

在心理学上,社交焦虑其实是一种慢性心理疾病,称为社交焦虑障碍,又名社交恐怖症。《精神障碍诊断与统计手册(第5版)》(DSM-V)将社交焦虑障碍定义为"个体由于面对可能被他人审视的一种或多种社交情况时而产生显著的害怕与焦虑"。通俗地讲，就是这个人在社交场所放不开，在正常的社交场合有超乎寻常的恐惧和焦虑的内心体验，特别害怕自己在公共场合因做错事或说错话而丢脸，或者觉得被人关注和审视而感到尴尬，或者十分担心别人对自己有消极评价。因为过度恐惧，个体会感到巨大的压力和焦虑，所以经常选择回避这些社交场合。社交焦虑障碍有三种类型：一是广泛性社交焦虑障碍，即对各种社交场所都感到害怕；二是非广泛性社交焦虑障碍，即只对两种或三种社交场合感到害怕；三是特定的社交焦虑障碍，如只对在公共场合讲话感到害怕。

社交焦虑障碍，在全世界的发病率为3%—13%，是重性抑郁(17.4%)和酒精依赖(14.1%)之后的第三种常见的精神障碍。在我国，因为普遍认为是害羞或性格内向问题，对其认识不足而缺乏大样本的流行病学调查，如果按照3%的患病率计算，我国14亿人口中有大约4000万人患有社交焦虑障碍，按照8%计算，相当于每13个人中就有一个人患有社交焦虑障碍。社交焦虑障碍主要是由于自卑、不自信、害怕别人对自己产生消极评价而引起的，发病年龄为13—19岁，平均年龄15岁。社交焦虑障碍者，因为害怕和回避社交场合，学习和锻炼的机会减少，学习能力、工作能力、生活能力相应下降。因此，社交焦虑障碍患者中，女性、教育程度低、未婚独身者、社会阶层低等较多。

社交焦虑障碍会对军人的日常生活、工作和军事训练造成不良的影响。例如因为恐惧和回避人际交流而导致：(1)军事作业中沟通不畅、效率降低甚至出错；(2)选择受限、活动范围狭小；(3)人际关系受损，缺乏社会支持；(4)缺乏自信；(5)抑郁和孤独，对自我生活质量评价很低。这些问题不仅会损害军人的身心健康，还会降低军事训练的效率，甚至影响整个队伍的战斗力。

二、社交焦虑的表现以及诊断

(一)社交焦虑的表现

1.交感神经反应增强。在社交情境中身体出现一系列强烈的不适症状，例如脸红、口干、出汗、头晕、心跳加速、胸闷气短、恶心、颤抖等。

2.极度担忧、害怕。在社交场合总是担心自己有不当的言行举止；害怕自己成为他人关注的中心；极度担忧他人对自己会有消极的评价；能够意识到恐惧是过分和不合理的，但是又无法控制。

3.极度焦虑、紧张。在社交场合感到过度的尴尬、焦虑、紧张和恐慌等情绪。

4.极度不安、回避。在社交情境中沉默寡言、避免眼神交流，不知所措、坐立不安，过度关注自我的外表或表现；尽量回避让自己感到恐惧的社交场合。

（二）社交焦虑的诊断

如果社交焦虑的程度十分严重，会给个体带来无法忍受的内心痛苦，造成功能的严重受损（例如不能完成军事训练，无法正常学习、工作等），并且持续时间超过半年以上，就应该到精神心理专科医院进行诊断。《精神障碍诊断与统计手册(第5版)》(DSM-5)中社交焦虑障碍（又名社交恐怖症）的诊断标准为：

A.个体由于面对可能被他人审视的一种或多种社交情况时而产生显著的害怕或焦虑。例如社交互动（对话；会见陌生人）、被观看（吃、喝的时候），以及在他人面前表演（演讲时）。

注：儿童的这种焦虑必须出现在与同伴交往时，而不仅仅是与成人互动时。

B.个体害怕自己的言行或呈现的焦虑症状导致负面的评价（即：被羞辱或尴尬；导致被拒绝或冒犯他人）。

C.社交情况几乎总是能够触发害怕与焦虑。

注：儿童的害怕或焦虑也可能表现为哭闹、发脾气、惊呆、依恋他人、畏缩或不敢在社交情况中讲话。

D.主动回避社交情况，或是带着强烈的害怕或焦虑去忍受。

E.这种害怕或焦虑与社交情况和社会文化环境所造成的实际威胁不相称。

F. 这种害怕、焦虑或回避通常持续至少6个月。

G. 这种害怕、焦虑或回避引起有临床意义的痛苦或导致社交、职业或其他重要功能方面的损害。

H. 这种害怕、焦虑或回避不能归因于某种物质(例如滥用毒品、药物)的生理效应,或其他躯体疾病。

I. 这种害怕、焦虑或回避不能用其他精神障碍的症状来更好地解释,例如惊恐障碍、躯体变形障碍或孤独症(自闭症)谱系障碍。

J. 如果其他躯体疾病(如帕金森病、肥胖症、烧伤或外伤造成的畸形)存在,则这种害怕、焦虑或回避是明确与其不相关或是过度的。

值得注意的是,在社交活动中体验到某种程度的焦虑或恐惧是正常的,比如:公众演讲、参加派对、约会等,只有当这种焦虑或恐惧造成了社会功能受损,而且需要经过临床心理医生的专业判断,才能诊断为社交焦虑障碍。此外,不能将社交焦虑障碍与内向害羞混为一谈。内向害羞是一种性格特征,虽然可能在社交方面缺乏优势,但不会因此出现恐惧、心慌等过度反应。而且内向和外向并没有优劣之分,两种性格在工作生活中各有优缺点。

三、为什么会产生社交焦虑

社交焦虑的产生是基因遗传-歪曲认知-社交失败体验等多因素共同作用的结果。社交失败体验是诱发因素;基因遗传使某些个体对环境的刺激更为敏感、反应更加强烈,从而增加社交焦虑形成的风险;而歪曲认知对社交失败体验做出的不合理评价和解释,是不良情绪和行为产生的根源。

(一)基因遗传

社交焦虑无疑会遗传。我们出生时就带有一种叫"DNA"的遗传物质,一半来自父亲,一半来自母亲,这种物质也叫"基因"。对于军人来说,如果他的父母患有社交焦虑,那么他患社交焦虑的风险会增加两倍。当然,社交焦虑不是单基因控制的遗传疾病,目前,我们还不清楚社交焦虑是少数基因起着大作用,还是多数基因共同起着小作用的结果。基因遗传是生物遗传,现有研究发现,除了生物遗传还有心理遗传,如气质遗传。气质就是我们平时所说的脾气、秉性,具有先天性。比如有的人安静,有的人活泼好动,有的人温文儒雅等。某些先天的气质表现,比如害羞和回避,可能与社交焦虑的产生有关。也就是说,如果一个军人具有害羞和回避的气质,那么他患社交焦虑症的风险就会相对较高,因为害羞的人在不熟悉的环境刺激面前容易感到不适和恐慌,进而表现出抗拒和回避的行为。

(二)歪曲的认知

社交焦虑不是客观的,至少目前社交焦虑的诊断结果不是来自实验室的报告,而是来自患者的自我报告。所以,社交焦虑的产生与人们歪曲的认知有关。与社交焦虑相关的歪曲认知通常是指对自我、他人和人际关系的不合理的消极的想法。这些消极的想法在社交情境中会自动出现,从而导致不良的情绪和行为。对于军人来说,常见的歪曲认知有:

(1)关于自我:自我贬低("我不行""我什么都做不好"),追求完美("我一定不能犯错")。

(2)关于他人:觉得他人会对自己有消极的态度和评价("战友们都不喜欢我""他们不会理解我的""他觉得我很笨")。

(3)关于人际关系:在成功建立和维持人际关系方面很不自信("我很难交到朋友")。

这些歪曲的认知使个体在社交情境中十分紧张焦虑,过度关注自我的表现,担忧或夸大他人的负面评价,结果反而影响了与他人灵活互动的能力和当前的表现。这是一个恶性循环,失误的表现可能又会引起外界真实的负性评价,从而证实了自我的消极想法,并加剧对社交情境的恐惧。

(三)社交失败的体验

除了上述的因素外,社交焦虑还与过去失败的社交体验有关。如果一个军人曾经有过失败的社交经历,比如青春期的时候,在女孩子面前出丑;比如在全班战友面前感觉呼吸困难;比如看见一个人经常被另一个人贬损;或者

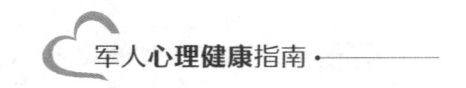

是生长在认为社交没有意义的家庭环境里,那么他可能会害怕被发现做蠢事,害怕被揭露做蠢事,而且可能会养成一种习惯,即习惯害怕别人的批判,害怕别人隐藏的羞辱,从而害怕社交患上社交焦虑。

四、如何应对社交焦虑

优秀的军人都是不惧社交的,如三国时期,诸葛亮在联盟孙权抵抗曹操的过程中舌战群儒、鲁子敬力排众议,都是即使在人多的时候也能镇定自如,随机应变。反之,如果一个军人患有社交焦虑,其在军营里的集体生活和完成必须与他人交流的军事任务都将存在问题。那么,作为一名军人,该如何应对社交焦虑呢?从社交焦虑形成的原因可以看出,我们现在还没有办法改变基因遗传,所以,我们一是要着眼于歪曲的认知,挑战和改变不合理的想法,打破思维模式的恶性循环;二是尝试改变回避行为,在社交情境中训练自己的思维和行为;三是进行一些情绪管理的放松训练,帮助应对社交中的紧张和焦虑。最后,学习一些社交技能,可以增加自信并能促使人际交往的顺利展开。

(一)纠正不合理认知

社交焦虑来源于不合理、歪曲的认知,例如对自我的贬低和对他人消极评价的过度害怕。因此,纠正不合理的认知是改善社交焦虑的根本途径,通过对认知的重构,更加客观和理智地看待自己和他人,可以有效缓解社交中的焦虑和恐惧情绪。认知重构,通俗地讲就是换个角度看问题。对于社交焦虑的人来说,他们通常存在一些不合理的认知。比如因某一次在战友面前发言时出现口吃就认为自己是一个差劲的人,或者当众发言时认为自己不应该紧张,或者认为别人对自己的讲话内容不感兴趣等。这些不合理的认知会导致他们在社交场合感到焦虑与紧张,从而出现生理、情绪与行为反应。认知重构就是要找出这些不合理的认知,并用合理的认知代替。比如尽管这一次在战友面前发言表现不好,但我仍然很优秀,当众发言感到紧张是正常的,有战友对我的讲话内容感兴趣。当然,专业的认知重构需要在专业人士的指导下进行,但对于我们军人来说,可以参照《害羞与社交焦虑症CBT治疗与社交技能训练》一书中的5分钟快速练习在生活中有意识地运用。这个练习包括7个问题。

①用50个字描述你遇到的问题和压力。

——今天在班会上发言时口齿不清,我是一个差劲的人。

②用数字1—100表示①中的真实程度。

——90分

③用数字1—100表示①带给你的痛苦程度。

——80分

④用否定式重新表述问题①。

——尽管今天在班会上发言时口齿不清,但我不是一个差劲的人。

⑤找出④的两条理由。

——我俯卧撑很厉害,每次考核都优秀。

——上次班长表扬了我。

⑥再次用数字1—100表示①中的真实程度。

——50分

⑦再次用数字1—100表示①带给你的痛苦程度。

——40分

(二)放松训练结合社交场景脱敏练习

放松训练是通过自我调整,由身体放松导致身心放松,以对抗因社交焦虑而引起的交感神经反应,从而达到消除紧张、焦虑的行为训练技术。因此放松训练有助于军人管理好自己紧张焦虑的情绪。脱敏练习是指长期地、逐步地暴露在引起恐惧的社交场景中。放松训练结合社交场景脱敏练习就是让社交焦虑者在社交场合,用放松代替紧张,最后克服社交焦虑,其过程和步骤比较专业,需要在专业人士的指导下进行。其具体步骤包括以下几步。

1.学会放松训练,通过放松对抗焦虑

放松训练可以消除脱敏练习过程引发的紧张和焦虑,因此在脱敏练习前,我们需要先掌握放松训练技术。常见的放松训练有深呼吸放松和想象放

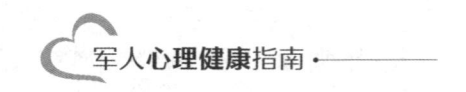

松等,可以根据自己的习惯和具体的情境选择适宜的方式。

(1)深呼吸放松训练

紧张时呼吸会变得短浅而急促,这时通过调整呼吸可以达到一定的放松效果。实施过程为首先选择一个放松的姿势,然后闭口仅用鼻子缓慢地吸气,感受气息充盈胸腔,腹部也随之慢慢隆起。这时屏住呼吸2秒,接着用口鼻同时缓缓呼气,直到腹部逐渐瘪下去,想象在呼气的同时将紧张、焦虑和害怕的情绪也呼出了体外。如此重复进行,呼吸应深长而均匀,让自己感到轻松舒适。

(2)想象放松训练

这是指通过想象一个放松舒适的场景来缓解紧张情绪。一般在安静的环境中效果更好,首先调整一个舒适的姿势,然后闭上眼睛,通过自己的想象或根据指导语在头脑中构建一个最让自己感觉放松和惬意的情境。例如:"我坐在沙滩上面向一望无际的大海,海水湛蓝而清澈,沙子细白而柔软。阳光照在我身上,还有阵阵微风吹拂,我感到温暖而舒适。我听着海浪缓缓拍打海岸的声音,思绪随着节奏飘荡起伏,身体也慢慢放松下来。"

2.建立社交焦虑回避等级表

建立社交焦虑回避等级表的目的是获得引发焦虑的详细信息,不同的社交焦虑回避等级对应不同程度的社交焦虑回避。在列出社交焦虑回避事件后,从最轻微的恐惧回避到最严重的恐惧回避用数字来表示。最轻微的恐惧回避是0,最严重的恐惧回避是10,构成一个社交焦虑回避等级表。例如:

(1)与熟悉的战友交谈。 1

(2)与一个陌生的战友交谈。 2

(3)与两个陌生的战友交谈。 3

(4)与三个陌生的战友交谈。 5

(5)与五个陌生的战友交谈。 7

(6)在十人以上的场合发言。 8

(7)在人数超过五十的场合发言。 9

(8)在人数超过一百的场合发言。 10

3.社交场景脱敏练习

按照社交焦虑回避等级表的等级,在头脑中想象引起最轻微社交焦虑回避的事件(如与熟悉的战友交谈),引起轻微的焦虑反应,然后在头脑中清晰地描绘这一事件的详细情景,并保持一段时间,随后进行放松训练,直到身心放松。反复进行刚才的步骤,直到想象这一事件时不再出现焦虑反应,代表脱敏成功。接下来对社交焦虑回避等级稍高的事件进行脱敏练习,以此类推,对所有的社交焦虑回避事件进行脱敏练习。注意不要急于求成,一般一天仅进行一个社交焦虑回避等级的脱敏练习。当所有的社交焦虑回避等级表的事件在想象中都不会引起焦虑反应时,再到现实情景中进行脱敏练习。

(三)社交技能训练

有社交焦虑的人经常会回避与人交往,久而久之可能因为缺乏社交经验而导致不擅交际。适当的社交技能训练可以弥补这些不足,而且掌握人际交往的技巧,明白如何恰当地应对各种社交场景,也可以做到有备无患,增加自己的信心。很多社交技巧其实比较简单,经过反复练习短期之内就能掌握,比如在与战友交谈时面向对方、微笑、表达感谢和赞美、学会分享、恰当提出请求和委婉拒绝等。这些社交技巧的学习,可以让我们很快在社交中体会到前所未有的成就感。这将增加我们学习更多社交技能的动力,并且在这个过程中进一步改变对自己、对他人和对人际关系的那些不合理的想法。

进行社交技能训练的步骤包括:识别社交技能缺陷(如谈话时眼神的躲闪),想象练习技巧(在想象暴露中增加与他人的眼神交流),预期可能的困难(眼神躲闪是下意识的行为,需要反复练习去纠正),实际练习技巧(在角色扮演暴露或者现场暴露中加强练习),完成后的自我评估(练习是否有效运用了技巧,是否有还需改进的地方)。

心理咨询实践和科学研究已经表明,将认知、行为、情绪等方面的心理技术有机地结合起来进行练习,可以有效地改善社交焦虑。值得注意的是,应对社交焦虑的道路可能是曲折反复的,需要长期坚持不懈的努力。在这个过程中要看到自己的进步,增强自信,勇于打破思维和行为的不良惯性。如果

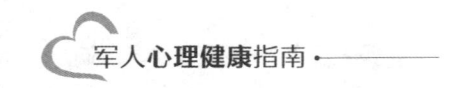

觉得自己的情况比较严重，无法通过自我调节来有效应对，也不用沮丧或担心，这时我们需要寻求专业人员的帮助，例如心理咨询师或精神科医生。

五、社交焦虑的自我评估

人际交往焦虑量表

亲爱的战友：

请认真阅读每一道题，然后根据这道题与您实际情况相符合的程度，在您认为最合适的数字上画"√"。数字代表的意思如下：1—与我一点儿也不符合，2—与我有一点儿相符，3—与我中等程度相符，4—与我非常相符，5—与我极其相符。每道题只能选一个答案，请认真回答每道题，不要有遗漏。本测验没有时间限制，题目也没有对错之分，不用花太多时间思考，如实作答就可以了。

条目	等级				
	1	2	3	4	5
1.即使在非正式的聚会上，我也感到紧张					
2.与一群不认识的人在一起，我感到不自在					
3.与一位异性交谈时我通常会感到轻松					
4.在必须同老师或上司谈话时，我感到紧张					
5.聚会常使我感到焦虑不自在					
6.与大多数人相比，在社交中我较少羞怯					
7.与不太熟悉的同性交谈时，我常感到紧张					
8.在求职面试时，我是会紧张的					
9.我希望自己在社交时信心更足一些					
10.在社交场合中，我很少会感到有什么焦虑					
11.一般说来，我是个害羞的人					
12.在与一位迷人的异性交谈时我会感到紧张					
13.在给一位不太熟悉的人打电话时我会感到紧张					

续表

条目	等级				
	1	2	3	4	5
14.我在与权威人士谈话时感到紧张					
15.即使处于一群和我相当不同的人群中,通常我仍感到轻松					

【结果说明】

人际交往焦虑量表(Interaction Anxiousness Scale,IAS)是自评量表,只涉及主观社交焦虑体验的倾向,不涉及行为的回避。共15题,3、6、10、15题为反向计分(即1代表5分,2代表4分,3代表3分,4代表2分,5代表1分),其余11题为正向计分(即1代表1分,2代表2分,3代表3分,4代表4分,5代表5分),采用5点计分法,总分范围为15—75分,总分数越高,社交焦虑的程度越高。

【建议】

(1)15—30分:您在社交活动中充满自信,行为自然。

(2)31—45分:您在社交活动中表现一般,没有特定的紧张与焦虑。

(3)46—60分:您在社交活动中略显紧张与焦虑,缺乏自信,您可以自我调适或者寻求心理医生的帮助。

(4)61—75分:您在社交活动中极度不自信和焦虑,非常担心别人对您的消极评价,您可以寻求精神科医生的帮助。

第十五章　破坏性冲动

> "天下有大勇者,卒然临之而不惊,无故加之而不怒。此其所挟持者甚大,而其志甚远也。"
> ——苏轼

冲动在大多数人的理解中往往是情绪问题,从精神心理角度理解,它是涉及情绪和行为自我控制的问题。可能我们每个人都曾有过冲动的时候,但是大部分时间我们都能自我控制。勾践能够卧薪尝胆,韩信甘受胯下之辱,成大事者往往都能忍辱负重,没有因一时得失而冲动行事。但是如果一个人的冲动不受控制,甚至出现破坏性冲动又会出现什么情况?我们又该怎么控制自己的情绪,减少冲动的发生呢?希望通过这一章的内容对大家有所帮助。

我们要分清冲动和破坏性冲动的区别,并且正确认识他们的异同及处理方式。冲动是一种常见的情绪和行为反应,是我们成长过程中不可避免的一种体验,年轻人的冲动甚至可以说是"血气方刚""初生牛犊不怕虎",很难有人说自己一辈子从来没有冲动过。但冲动又是我们应该加以控制的,否则不仅伤害自己,也会伤害他人。而破坏性冲动在情绪和行为的程度上会比冲动更加严重,并且常常存在于精神心理障碍的诊断中,造成的后果也更加具有破坏性,可能还会涉及刑事犯罪的情况,给部队的安全稳定造成严重影响。因此,破坏性冲动确实具有"破坏性",需要我们注重平时的疏导预防。如果自己或他人出现破坏性冲动的苗头,要早做处理,以免给自己、家人和部队带来不可挽回的伤害。

一、什么是破坏性冲动

也许我们每个人都有过冲动,甚至为自己的"年少轻狂"付出过代价。那什么是冲动,什么又是破坏性冲动呢?冲动是指由外界刺激引起的,突然爆发的,缺乏理智而带有盲目性的,对后果缺乏清醒认识的行为。也就是说,冲动是我们情绪特别强烈、不受理智控制时,表现在行为上或者思想意识上的一系列反应。冲动往往与愤怒情绪有关,是我们成长过程中常见的但又需要被控制的情绪反应之一。随着年龄的增长,对情绪管理的增强,我们对冲动的控制也应该加强。

如果因为种种原因无法控制住自己的冲动,甚至出现破坏性冲动,可能就会引起更加严重的后果,甚至造成不可挽回的损失。破坏性冲动是涉及情绪和行为自我控制问题的精神心理障碍的症状之一。因为破坏性冲动会涉及侵犯他人的权利,如攻击他人、损坏财物等,或个体与社会规范和权威人物产生剧烈冲突,可能会引发治安甚至刑事案件,所以需要我们更加重视日常的教育和预防工作。

如果军人控制不好自己的情绪,经常出现冲动行为,可能就会影响战友之间的关系,影响任务执行的效果,影响自己与他人的安全。如果在战争中冲动,甚至会危及整个军队的安危。三国时关羽败走麦城,被孙权所杀,刘备为了夺回荆州为关羽报仇,不顾别人反对,执意攻打东吴,最后因自己的冲动决策在夷陵之战中造成蜀军几乎全军覆没,自己逃往白帝城一病不起。因此,如果自己或者战友经常有冲动的行为,那就要引起重视,要学会控制情绪,减少冲动的出现。如果有破坏性冲动的倾向,那么可能就要采取必要措施,寻求帮助,进行必要的干预,以免引发严重后果。

二、破坏性冲动的表现与诊断

冲动是我们常见的情绪与行为反应,需要我们加以控制。但是破坏性冲动却是一类精神心理障碍的表现症状,需要进行专业的诊断与干预。根据《精神障碍诊断与统计手册(第5版)》(DSM-5)中对破坏性冲动的诊断标准,我们将破坏性冲动的一般表现和相关诊断总结如下。

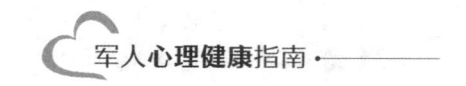

(一)破坏性冲动的一般表现

1. 年龄上的表现

容易出现破坏性冲动的人很少突然出现症状,大部分从青春期甚至学龄前就开始出现不良行为,比如不听家长和老师的话,喜欢破坏东西,虐待小动物,经常打架斗殴等,成为别人口中的"问题儿童"。当然,大部分所谓"问题儿童"都能健康成长,但是大部分成年后出现破坏性冲动的人,都与曾经的不良行为息息相关。

2. 人际关系中的表现

具有破坏性冲动的人可能具有反社会的人格,常常自大、肤浅和具有欺骗性。喜欢以欺骗的手段,博得他人一时的好感和信任。但事实上,他们又习惯以自我为中心、自私自利,对周围任何人,甚至亲人都缺乏应有的爱心和同情心,显得冷酷无情。他们不尊重事实,不尊重他人,没有诚信,而且喜欢控制别人,占了人家的便宜,还会对人家表示轻蔑。因此,他们很难和别人维持长久的、真正的友谊。

3. 情感上的表现

他们一般道德标准低下,为了个人利益可以不择手段,不被道德观念所约束,常常撒谎和欺骗他人,以及为某种目的而控制他人。即使被人戳穿谎言,也没有相应的羞耻感。有时在口头上表示歉意和改正之后,依然我行我素,缺乏同理心。他们也不理解和接受他人的爱心,因而不会做出相应的回报。即使做了违反道德规范和罪恶的事情之后,他们在情感上也不会有什么反应,不会觉得自己有什么错。不顾及他人的感受,不关心自己的表现会对他人和集体产生什么后果。

4. 行为上的表现

他们会利用身体、物品、语言攻击他人。可能还出现过勒索、自虐、虐待动物等。喜欢破坏公物、景观等,可能是一时冲动,或以此为乐,或发泄报复。不服从管理,故意违抗父母、领导或权威,在自己的要求没有得到满足或遭遇委屈挫折时,这种行为会加剧,并伴有强烈的情绪反应。经常有意或者无意地说谎,可能是害怕承认错误、逃避责任,或者夸耀自己,以至于大家在平时都很难分辨他的话是真是假。喜欢恶作剧捉弄他人,并且恶作剧的形式远远超出他人的承受能力,从他人的恐惧、叫喊中获得刺激和满足感。曾经可能还出现过偷窃、逃学、纵火、烟酒等物质滥用或性攻击。

(二)破坏性冲动的相关诊断

破坏性冲动作为一种症状表现,根据《精神障碍诊断与统计手册(第5版)》(DSM-5)的诊断标准,主要集中在对立违抗障碍、间歇性暴怒障碍、品行障碍、反社会型人格障碍等诊断中。也就是说,存在上述几种障碍的情况下,可能会出现破坏性冲动的症状。

1.对立违抗障碍诊断标准

A.以下症状存在4项以上,并持续至少6个月:①经常发脾气;②经常是敏感而易被惹恼的;③经常是愤怒或怨恨的;④经常和权威人士辩论,或儿童、青少年时期和成人辩论;⑤经常主动地对抗或拒绝权威人士或规则的要求;⑥经常故意惹恼他人;⑦自己有错误或行为不当却经常指责他人;⑧过去6个月至少有2次怀恨或报复行为。

B.该行为与个体目前的社会背景下(如家人、同伴、同事等)的痛苦有关,或对社交、教育、职业等重要社会功能产生负面影响。

C.排除其他诊断。

2.间歇性暴怒障碍诊断标准

A.无法控制的攻击性冲动反复出现,包括下列两种情况之一:①言语攻击(如发脾气、长篇的批评性发言、口头争吵或打架)或对财产、动物或他人的躯体性攻击,平均每周出现2次,持续3个月。攻击没有导致财产损失、动物或他人受伤。②12个月内有3次暴怒行为,攻击导致财产损失、动物或他人受伤。

B.反复暴怒过程中所表现出的攻击性程度明显与被挑衅或其他应激源不成比例。

C.反复攻击性暴怒是非预谋的(即冲动或基于愤怒的),而不是为了实现某些目的(如金钱、权利、恐吓)。

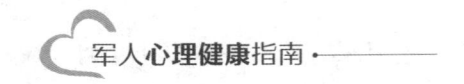

D.反复攻击性暴怒引发个体显著的痛苦,或导致职业或人际关系损害,或涉及财务或法律后果。

E.真实年龄6岁以上。

F.排除其他诊断。

3.品行障碍诊断标准

A.一种侵犯他人的基本权利或违反与年龄匹配的社会规范或规则的,反复持续的行为模式。过去12个月内,表现为下列标准中至少3项,且在过去6个月内存在1项:①经常欺负、威胁或恐吓他人。②经常挑起打架。③曾对他人使用可能引起严重躯体伤害的武器(如棍棒、砖块、破碎瓶子、刀、枪等)。④曾残忍地伤害他人。⑤曾残忍地伤害动物。⑥曾当着受害者的面夺取财物(如抢劫、敲诈)。⑦曾强迫他人与自己发生性行为。⑧曾故意纵火企图造成严重损失。⑨曾蓄意破坏他人财产。⑩曾破门闯入他人房屋、建筑或汽车。⑪经常说谎以获得好处或规避责任。⑫曾盗窃财物。⑬13岁之前尽管父母禁止,仍然夜不归宿。⑭在家生活时曾2次在外过夜或1次长时间不回家。⑮13岁之前开始经常逃学。

B.在社交、学业、职业等方面引起有临床意义的损害。

C.18岁以上需排除反社会型人格障碍。

4.反社会型人格障碍诊断标准

A.一种漠视或侵犯他人权利的普遍模式,始于15岁,表现为下列3项(或更多)症状:①不能遵守与合法行为有关的社会规范,表现为多次做出可遭拘捕的行动。②欺诈,表现为为了个体利益或乐趣而多次说谎,使用假名或诈骗他人。③冲动性或事先不做计划。④易激惹和攻击性,表现为重复性地斗殴或攻击。⑤鲁莽地不顾他人或自身的安全。⑥一贯不负责任,表现为重复性地不坚持工作或履行经济义务。⑦缺乏懊悔之心,表现为做出伤害、虐待或偷窃他人的行为后显得不在乎或合理化。

B.个体至少18岁。

C.有证据表明品行障碍出现于15岁之前。

D.反社会行为并非仅仅出现于精神分裂症或双相情感障碍的病程之中。

需要注意的是，这里对"破坏性冲动"的相关诊断标准只是为大家了解"破坏性冲动"提供一个途径，而不是用来给他人贴上"破坏性冲动""精神障碍""反社会"等标签。具体的诊断需要精神科医生综合大量资料和调查进行专业判断，需要考虑相对于个体的年龄、性别、文化而言在不同情况下的频率、持续性和广泛性以及与该诊断所描述的行为有关的损害进行判断。所以，我们既需要了解破坏性冲动的相关知识，引起重视，又要防止随意给他人下定义，贴标签，激化矛盾。

三、为什么会产生破坏性冲动

产生破坏性冲动的原因很多也很复杂，部分破坏性冲动的军人会伴随有人格基础。现在认为是生物、心理和社会多方面因素的共同作用。

（一）遗传与生物学基础

研究发现，破坏性冲动有明显的家族高发性。国外研究发现，父母有反社会行为的儿童会更多地表现出反社会行为。曾有报道染色体异常如47XXY型与反社会行为有关。在对双胞胎的研究中也发现，与破坏性冲动相关的精神障碍存在显著的遗传影响。而神经生物学的研究也发现，较低的心率和皮肤电传导反应，减少的基础皮质醇反应，前额叶和杏仁核异常等，都与破坏性冲动的相关诊断有关。同时，男性的比例显著高于女性，有明显的性别差异。有报道指出，高雄性激素也会增加人和动物的攻击性和破坏性。

（二）家庭缺亲情，学校缺教育，社会缺安全

研究发现，不同文化之间破坏性冲动没有明显差别，但是与我们家庭、学校和社会的关系非常密切，特别对于儿童和青少年正在生长发育和三观形成的关键期，作用显得尤为重要。我们常说"近朱者赤、近墨者黑"，如果家庭、学校和社会的某个环节出现问题，就可能让人出现各种心理和行为问题，包括破坏性冲动。

1. 家庭因素

家庭是社会的基本单位,每个成员在经济上、感情上相互依靠,相互扶持。在繁衍后代的同时,也要把家庭文化和社会文化向下传递。家庭成员之间应该既能合作,又能保持独立个性,既满足个人需求,又满足集体需要。功能良好的家庭还应该是有良好沟通的,既能清楚自己的感受,又能体谅别人的感受,并积极地倾听。

成年人的许多行为都可以在幼年的家庭中寻找答案。国内外很多研究都发现,小时候家里缺少亲情关爱或者与父母关系较差,青春期后出现冲动暴力甚至犯罪的概率会增大。一般来说,父(母)亲是罪犯、生活在一起的家庭成员太多、低智商或受教育程度低、父母离异、家庭教养方式不当、父母对教育孩子的态度不一致、家庭成员亲密度低、遭遇家庭暴力等,都会增加成年后出现破坏性冲动的风险。

2. 学校因素

在校时学业成绩差、辍学、受教育程度低、老师不负责任或对学生的管理方式不恰当、教学质量差、学校组织性较差、没有开展必要的品德教育或效果不理想,都会增加破坏性冲动的产生风险。

3. 社会因素

年轻官兵的种种不良行为,与学习模仿有很大关系。社会风气、亚文化因素、同伴品行对破坏性冲动的产生都有重要影响。当年轻官兵处在反叛性和冲动性的亚文化环境或团体中,一些超越道德甚至违法的行为会被同化到他们的一般行为中去,而一些游戏、影视作品又加深这种影响,让他们觉得这些才是"正常"的行为。而一旦年轻官兵多次出现包括破坏性冲动等不良行为,容易让周围人贴上"重点人"的标签,这样更容易促使他们改变形象与态度,形成低自尊,导致违规违法行为重复出现,甚至以更加强烈的攻击方式报复发泄。但如果周围人对他们的过失表现出更大的忍耐和宽容,则不良行为反而会减少。

四、如何应对破坏性冲动

我们每个人可能都冲动过。而有些容易冲动的战友,可能因此给自己和他人造成许多不必要的困扰和麻烦,让自己常常处在"早知今日何必当初"的后悔中。而破坏性冲动是非常严重的精神心理问题,因其形成与多种因素有关且易引起严重后果,预防和干预的难度也较大,需要及时寻求专业帮助。那么,作为一名军人,我们应该如何应对冲动,把危害降到最低呢?

(一)学会好好说话

好好说话有两方面的含义:一是在平时,我们好好说话不要刺激自己和别人,消除冲动的诱因;二是快要冲动时,好好说话充分沟通,释放可能引发冲动的情绪。其实就是建立有效的沟通。可能我们都有这样一种感觉,同样一件事,有的人说出来就让人能接受,有的人说出来就能把别人气得半死。好好说话并不是要大家学会什么"话术",或者刻意取悦他人,而是在平等的基础上正确地表达自己的意思。别人不小心碰了我们一下,我们说"没长眼睛啊"和"下次小心一点"可能后果完全不一样。

其实,很多时候的冲动都是情绪累积到一定程度的表现,看上去是某一句话、一个动作甚至一个眼神引起的冲动,可能只是压倒骆驼的最后一根稻草。也就是说,只要能在不良情绪出现的早期,通过好好说话,有效沟通,解除误会或者解决问题,进行一个可接受的、合理的解释和积极应对的态度,就能在很大程度上缓解甚至阻止冲动的发生。而做好这一点的关键就是要建立相互信任且畅通的沟通渠道。在个别单位的管理模式下,基层官兵处于完全被动的地位,不仅不利于任务的完成,还在一定程度上抑制了官兵思维的活性和情感的发展,妨碍着上下级交流沟通的方方面面。改善官兵之间和组织与个人间的关系,建立正常的交流渠道,一方面有利于了解官兵的真实需求和想法,另一方面也有利于上级向下级传递信息和思想,组织向个人传达命令和意图,防止因沟通不畅带来的心理问题演化而成的破坏性冲动。好好说话不光是人与人平等的交流,也是一种信息的传递,更是思想和情感上的碰撞。因此,避免冲动从好好说话开始,让良好的沟通成为我们维持良好情绪状态、避免冲动的重要方法。

(二)发展认知能力

认知理论认为,情绪是认知的产物。我们对事物的认知决定事物最后对我们的影响。同样一件事情,不同的认知可能就会有不同的结局。比如在《触龙说赵太后》里,秦国来攻,为了向齐国借兵,大臣们让赵太后同意她最喜欢的小儿子去做人质,赵太后大发雷霆。触龙让赵太后明白"父母之爱子,则为之计深远",便欣然同意。因此,我们通过发展我们的认知能力,全面、理性、客观地看待所发生的事情,控制住自己的情绪,也能减少冲动的发生。发展认知能力的方法很多,也有专门的认知行为疗法供我们进行系统学习。当我们意识到自己出现愤怒情绪,快要冲动了,可以试试"红绿灯程序",缓解当下的情绪反应。

试想一个情景,你正在跑步,后面一个人跑过来撞了你一下,然后头也不回地继续跑走了,你会怎么想,会怎么做?生气和愤怒,或者自认倒霉都是我们正常的情绪,谁遇到这样的事都不会当作什么都没有发生过。但是如果当坏情绪出现时,我们"本能"的反应就是要冲上去和他吵一架或者打一架,这时可能就需要启动"红绿灯程序"。首先,当意识到自己可能要冲动了,在心里想象前方出现红灯,前方危险,我们要马上停止下来,思维和行动都要停下来,然后要么停在原地,要么转身离开。接着,红灯变成黄灯,大脑开始慢慢思考:我平时也是这样吗?他刚才撞我是不小心还是故意的?他是不是正在考核,也可能是最后一圈冲刺了吧?尽量朝积极方面思考,然后伴随着有意识的深呼吸和肌肉放松,进行10秒。如果自己有所放松,就把黄灯变成绿灯,开始关注自己的需求:可能自己也没有受伤,生气的原因也只是差一个解释或者道歉,如果下次遇到那个人可以心平气和地问为什么跑这么快,撞到人都不知道,再或者可能自己都不会在意自己被撞了一下。

(三)确立学习榜样

根据学习理论,我们可以通过操作条件联系的方法,自发地建立良好的行为和情绪反应,减少冲动的发生。也就是说,我们可以通过确立学习的榜样,观察学习他们对情绪的处理方法,改善我们的冲动行为。同时,因为部队有一个强调团结的氛围,也很重视"先进""典型"的宣传,其实更有利于我们从身边寻找榜样,甚至我们可以找多个榜样,从他们身上学习对情绪的调控,帮助自己不断成长。学习可以是主动的学习,也可以是被动的学习。但被动的学习主要受整个单位的环境气氛的影响,我们自己有时候很难掌控。这里的学习我们主要强调主动学习,我们可以在日常生活中默默观察,也可以主动去请教,寻找自己认为合适的方法,也不用急于求成,在慢慢的积累中,从量变到质变。

一般来说学习过程分为四个步骤:第一步,我们要明确学习的目标。针对自己的特点选择,可以是历史上的名人、先进典型或者身边的战友;可以选一个重点学习,也可以多个人兼收并蓄。第二步,我们有意识地将别人在情绪激动时的反应和处理方式记在脑海中反复回忆,或者想象自己遇到类似的情况也要像榜样一样处理,以便真实遇到情况时能够回想起来。第三步,我们将榜样的情绪控制方法和行为方式和自己的特点相结合,逐步转化成自己的思维方式和行为习惯。第四步,通过日常的不断练习强化,形成稳定的情绪控制方式及行为特点。

(四)寻找亲情友情的支持

军人群体是一个"舍小家为大家"的群体,但是"小家"的问题往往是造成官兵个体出现心理问题的常见因素。如果家人朋友能够有足够的支持,那么对于我们军人来说,也是非常大的心理慰藉。但是,家人朋友的不理解,军人自己不善于沟通,家庭成员间的矛盾等家庭问题,非但对军人的心理没有支持作用,反而火上浇油,成为军人心理问题发生的原因之一,会引发各种情绪问题,造成军人容易冲动的情绪基础。因此,帮助军人获得亲人朋友的支持,能够有效地缓解不良情绪,减少出现冲动的机会。有时军人在试图解决矛盾时,会发现自己的方法使问题持续存在甚至恶化。这时就要思考,是哪个因素让问题持续发生,什么能够改变,个人内心的期望和所表达的是否"口是心非",沟通模式是否存在问题。当然,有些长期的家庭问题不是一朝一夕能够改变的,而且需要各方一起努力。如果自己的能力无法解决,可以尝试寻找

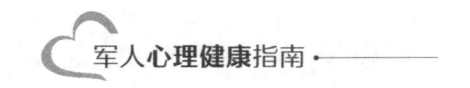

帮助,比如请共同的值得信赖的朋友调解,请心理专家帮忙分析,如果有条件还可以一起去进行家庭治疗。

五、如何寻求心理帮助

如果我们是一个容易冲动的人,并且因为自己的冲动行为,影响到了我们的生活、工作和亲人朋友的关系;或者身边有战友出现破坏性冲动,如果放任不管可能会出现更严重的后果。这时我们应该怎样寻求心理帮助呢?

(一)现实问题

如果冲动涉及生活上的具体事件、具体困难,比如和战友吵架、亲人离世不能回家、家庭经济困难等引起的情绪问题,要主动向单位组织汇报,依靠组织的力量妥善解决。可以向所在班级、连队、军人委员会、党小组、党支部、党委等组织汇报情况,寻求具体的解决方法。要相信组织、依靠组织。

(二)心理问题

如果是本身存在精神心理障碍,或是事情暂时难以解决而情绪失控,或因为其他原因已不可避免地出现破坏性冲动时,要主动及时寻求心理帮助。

1.寻求社会支持

与自己关系较好、值得信任的人诉说讨论,发泄不良情绪,寻求社会支持,比如亲人朋友、身边的战友、干部等。

2.寻求心理工作人员的帮助

如果本单位有心理咨询师或从事心理工作的人员,可以寻求他们的帮助。他们可能更能理解咨询者的具体处境,更能提供即时、稳定、规律的咨询服务,也更了解需要进一步处置的流程方式。

3.在线心理咨询

如果因为种种原因不愿意与周围人谈论自己的想法,可以通过网络或者电话等方式,在线咨询专业的心理咨询师或心理医生。很多军队院校和医院都开通了心理服务热线和在线咨询等服务,具体网站和电话可以参考全军政工网心理服务专业。

4. 转诊上级医疗机构进行心理干预

当上述措施效果不好或无法实施时,或者已经出现破坏性冲动时,可以考虑转诊至上级医疗机构进行专业诊断和治疗。

六、破坏性冲动的自我评估

巴瑞特冲动量表(BIS-11)

亲爱的战友:

通常情况下,人们思考问题的方式不同,采取的行动也不同。这部分的目的是了解您在一些情况下思考问题与行动的方式。下边有30个问题,请您从"不是""极少""有时""经常""总是"五个答案中选择一个最适合您情况的答案并画"√"。答案不存在对与错,不要花太多时间思考每个问题。如果您不太清楚如何回答,请尽量估计。

条目	不是	极少	有时	经常	总是
1. 我认真安排每件事					
2. 我做事不加思考					
3. 遇到问题时我能想出好办法					
4. 我对未来有计划					
5. 我不能很好地控制自己的行为					
6. 必要时我能够长时间考虑一个问题					
7. 我有规律存钱或攒钱					
8. 我难以控制自己的脾气					
9. 我能从不同角度考虑问题					
10. 我对工作和获得收入有计划					
11. 我说话不加思考					
12. 遇到问题我喜欢慢慢考虑					

续表

条目	不是	极少	有时	经常	总是
13.我做事比较理智					
14.我激动时难以控制自己的行为					
15.遇到难题时我能耐心思考解决问题的办法					
16.我有规律地安排饮食起居					
17.我容易冲动行事					
18.做决定前,我喜欢仔细考虑得失					
19.我离开家之前把事情都安排好					
20.我不考虑后果而立即行动					
21.我冷静地思考问题					
22.我做事时能按计划完成					
23.我容易冲动性购物					
24.遇到难题时我不会轻易下结论					
25.我花钱有计划性					
26.我做事十分莽撞					
27.我思考问题时能集中注意力					
28.我很看重对未来的安排					
29.我想到什么就马上去做					
30.我容易想出新的办法来解决遇到的困难					

【结果说明】

1.量表采用5分制,"不是"计1分,"极少"计2分,"有时"计3分,"经常"计4分,"总是"计5分,总分在30-150分之间。

2.分数越高表示冲动性越强。

第十六章　军事应激反应

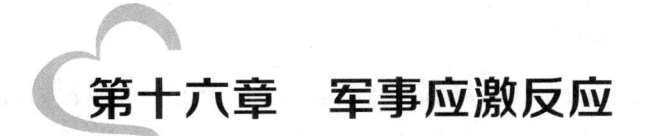

> "累累的创伤,就是生命给你的最好的东西,因为在每个创伤上都标示着前进的一步。"
> ——[法]罗曼·罗兰

应激广泛存在于我们的现实生活中,通俗来讲,应激就是机体遭遇突发事件的反应过程,导致机体产生应激反应的原因有很多,包括自然环境因素、社会因素以及个体自身的因素等,这些统称为应激源。对于军人而言,"当兵为打仗",军人在战场的特殊环境下,面临危险的战场环境以及复杂恶劣的自然环境,并且面对自身和战友的伤残,承受身负重伤和家破人亡的痛苦,都会出现生理和心理的巨大反应,导致军事应激反应的发生。这种反应会降低军人的作战效能,甚至会使官兵失去作战能力。我们需要认清的是无论战前做了多么充足的准备也都会发生这种情况,只是程度轻重不同,这是一种正常的反应。经过适当干预,大部分人可以完全恢复,甚至部分人可以马上重新投入战斗中。虽然军事应激不可避免,但我们要将其维持在一个最佳水平来激发我们的潜能,所以做好战前的心理适应性训练,提升官兵作战心理素质显得尤为重要。

一、什么是军事应激反应

军事应激反应是指军人应对恶劣军事环境时的紧张状态,是一种突然或逐渐发生在战斗人员身上的生理、心理反应。军事应激是影响军队战斗力的

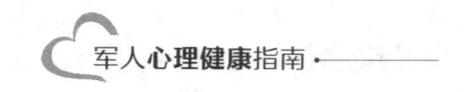

重要因素,其主要特征包括应激源强度大、应激人群规模大、应激反应形式多样以及应激损伤处理原则特殊4个方面。

军事应激反应的特点可以体现在战前、战中、战后3个阶段。战前应激阶段:虽然在战前作战双方都有周密的计划和组织,都有夺取战争胜利的决心和愿望,但战争的实际进程和结局如何,往往是一个很大的未知数,这必然会引起军人的担心和思虑,使其正常的心理认知能力受到影响。战前心理应激主要有认知、情绪和行为方面的表现。战中心理应激主要表现为急性心理应激反应和躯体损伤所导致的精神障碍。战争急性应激反应又称急性心因性反应,是由来势迅猛的精神冲击导致发病,精神症状在遭受刺激后数分钟或数小时后出现,历时短暂,可在几天至一周内恢复,预后良好。战后应激阶段:战争的结束并不意味着战争对人的心理影响的终结,战争结束后,战争的影响仍然持续存在,并以各种方式表现出来:颅脑障碍所致精神障碍、创伤后应激障碍、其他的战后应激反应。

所以军事应激在时间维度的表现形式上,具体可以分为战斗心理应激反应(combat stress reaction,CSR)和创伤后应激障碍(post traumatic stress disorder,PTSD)。

(一)战斗心理应激反应

战斗心理应激反应又称战斗休克、战斗衰竭,是一突然或逐渐发生的官兵作战能力的崩溃并伴有躯体、心理症状的反应。通俗地讲,我们官兵在面临战争的极端条件下,都会出现一定的生理心理反应。其中一部分人的反应过于强烈,表现为战斗力的削弱甚至出现暂时性的战斗能力丧失,这就称作战斗心理应激反应。

战斗心理应激反应对我们的官兵和部队战斗力都会产生一定的影响,如果处理不当或处理不及时的话,将会造成巨大危害。比如参战人员会表现出惊恐、视野狭窄与听觉排斥,直接导致非战斗、战斗减员的"显性危害",也间接引起参战人员判断决策失误和技战术水平下降的"隐形危害",最终引起战斗的失利甚至整个战争的失败。

（二）创伤后应激障碍

创伤后应激障碍是指个体经历、目睹或遭遇一个或多个突如其来且超乎寻常的威胁性、灾难性事件（战场环境、自然灾害、意外事故、严重创伤等），引发的精神行为异常和心理障碍，对个体产生明显影响，严重损害其职业能力和社会功能。通俗地讲，创伤后应激障碍是一种创伤后心理失衡的状态。

创伤后应激障碍患者为了避免引发对创伤的回忆，会极力避免与类似的事件接触，包括行动上的回避和记忆上的回避。例如，经历过严重车祸的人，很有可能会避免开车或乘车，而且相关恐惧可能会泛化，扩大到其他地方而影响其正常生活；患者会持续处于高度敏感状态，因此会有睡眠困难、情绪不稳定、易怒、过度警觉甚至会引起人格改变、自杀倾向等，如果出现了此类情况，说明病情严重，要及时寻求专业人员的帮助，积极治疗。

二、军事应激表现与诊断

（一）战斗心理应激反应的表现与诊断

1.战斗心理应激反应的表现

官兵战斗心理应激反应的表现具体可以分为生理、认知、情感以及行为四个方面。

（1）生理表现。心血管方面：心悸、心跳加速、血压升高或降低、头晕。呼吸方面：呼吸急促、胸部有压迫感、喉头有窒息感或呼吸困难。神经肌肉方面：过度反射、眼皮跳动、颤抖、麻木、失眠、全身无力。肠胃消化方面：食欲不振、腹部不适或疼痛、胸口有烧灼感、恶心。排泄方面：尿频、尿急、便秘、腹泻。皮肤方面：脸红、出汗、瘙痒、忽冷忽热。其他方面：视野变窄、听不清楚、失去方向感。

（2）认知表现。注意力不集中、难以专心、思维中断混乱、健忘、无法判断对错、理解力变差、时间感觉错乱、记忆力受损、缺乏创造力、害怕受伤或死亡。

（3）情感表现。紧张、焦虑、愤怒、不耐烦、有压迫感、容易产生恐吓或兴奋的反应。

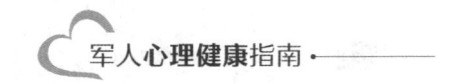

（4）行为表现。表情不安、紧张颤抖、难以沟通、讲话速度加快、动作失调、做事效率降低、人际关系退缩、换气过度、活动量增加。

2.战斗心理应激反应的诊断

战斗心理应激反应并非一种严格的精神障碍诊断，因此，在《精神疾病的诊断和统计手册（第五版）》（DSM-V）中并不存在严格对应的战斗心理应激反应诊断。在应激相关障碍的某些症状和焦虑障碍、分离障碍、转换障碍、精神分裂症等诊断中存在战斗心理应激类似的症状。

（二）创伤后应激障碍的表现与诊断

1.创伤后应激障碍的表现

（1）侵入性症状。在重大创伤性事件发生后，个体有各种形式的反复发生的侵入性创伤性体验重现。在清醒时，患者控制不住地回想起创伤经历；在睡眠时，会反复出现当时事件场景的噩梦。个体不断地体验和重复当初的各种情感，而且强烈程度不会随时间减弱。创伤性体验的反复侵入是创伤后应激障碍最常见也是最具特征性的症状。

（2）持续性回避。个体努力避免对经历过的创伤的谈话、回忆、询问，努力不去接触与创伤事件有关的人物，不去发生事件的地点，出现"遗忘"事件细节的情况，埋藏起原本关心的人和事物的情感，和他人保持距离，感到极为孤独，不愿意参加社会活动。

（3）警觉性增高。个体表现为对外界环境过度警觉，轻微的刺激就会引起强烈的反应，情绪不稳定，易激惹，经常分心、走神、发呆，严重者会出现尿频、出汗、颤抖的表现。

2.创伤后应激障碍的诊断。

《精神疾病的诊断和统计手册（第五版）》（DSM-V）对创伤后应激障碍的诊断标准如下。

存在下述1种或多种方式的情况。

（1）直接经历创伤事件。

(2)亲眼看见发生在他人身上的创伤事件。

(3)获悉亲密的家庭成员或亲密的朋友身上发生了创伤事件,在实际的或被威胁死亡的案例中,创伤事件必须是暴力事故。

(4)反复经历或接触创伤事件的令人作呕的细节(例如,急救员收集人体遗骸)。

在创伤事件发生后,存在以下1个或多个与创伤事件有关的侵入性症状。

(1)创伤事件反复的、非自愿的和侵入性的痛苦记忆。

(2)反复做内容或情感与创伤事件相关的痛苦的梦。

(3)分离性反应(例如闪回),个体的感觉或举动好像创伤事件重复出现(这种反应可能连续出现,最极端的表现是对目前的环境完全丧失意识)。

(4)接触象征或类似创伤事件某方面的内在或外在线索时,产生强烈或持久的心理痛苦。

(5)对象征或类似创伤事件某方面的内在或外在线索,产生显著的生理反应。

创伤事件后个体开始持续地回避与创伤事件有关的刺激,具有以下一项或两项情况。

(1)回避或尽量回避关于创伤事件或与其密切相关的痛苦记忆、思想或感觉。

(2)回避或尽量回避能够唤起关于创伤事件或与其高度相关的痛苦记忆、思想或感觉的外部提示(人、地点、对话、活动、物体、情景)。

与创伤事件有关的认知和心境方面的负性改变,在创伤事件发生后开始或加重,具有以下两项(或更多)情况。

(1)无法记住创伤事件的某个重要方面(通常是由于分离性遗忘症,而不是诸如脑损伤、酒精、毒品等其他因素所致)。

(2)对自己、他人或世界持续性放大的负性信念和预期(例如,"我很坏""没有人可以信任""世界是绝对危险的""我的整个神经系统永久性地毁坏了")。

(3)由于对创伤事件的原因或结果持续性的认知歪曲,导致个体责备自己或他人。

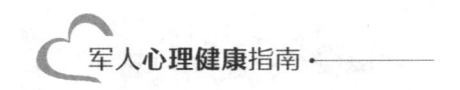

(4)持续性的负性情绪状态(例如,害怕、恐惧、愤怒、内疚、羞愧)。

(5)显著地减少对重要活动的兴趣或参与。

(6)与他人脱离或疏远的感觉。

(7)持续地不能体验到正性情绪(例如,不能体验快乐、满足或爱的感觉)。

与创伤事件有关的警觉或反应性有显著的改变,在创伤事件发生后开始或加重,具有以下两项或更多的情况。

(1)激惹的行为和愤怒的爆发(在很少或没有挑衅的情况下),典型表现为对人或物体的言语或身体攻击。

(2)不计后果或自我毁灭的行为。

(3)过度警觉。

(4)过分的惊跳反应。

(5)注意力有问题。

(6)睡眠障碍(例如,难以入睡或难以保持睡眠,或休息不充分的睡眠)。

这种障碍的持续时间(诊断标准2、3、4、5)超过1个月。

这种障碍引起临床上明显的痛苦,或导致社交、职业或其他重要功能方面的损害。

这种障碍不能归因于某种物质(例如,药物或酒精)的生理效应或其他躯体疾病。

三、为什么会产生军事应激反应

军事应激反应产生的原因较为复杂,一方面有军人个体自身的因素,另一方面还包括战场环境和各种社会事件及部队群体的影响。

(一)低质量的军事应激预防

军人作为一个特殊的职业群体,经常面对极端恶劣的生存环境、高强度的军事作业任务以及长期的精神超负荷紧张。在平时的练兵备战的过程中,通过利用高强度、大规模的军事训练与演习,结合自然、人工与社会环境模拟出作战场景,以此来提升作战人员的耐受力,但即使是高强度的军事训练与军事演习也不能模拟出实战中作战人员的极端心理。另外,对于军事应激的训练干预存在着机制不明、靶向不准、针对性不强等问题。这些问题共同导致了军事应激预防的质量不高。

(二)消极的军事作业任务评估

战争对于一线作战人员的最直接的威胁来源于死亡。随着科学技术的进步,高科技武器不断更新换代,战斗人员在战争中的死亡威胁越来越大,这种时刻面临死亡威胁的心理使得官兵长期处于应激状态。但是在军事任务与军事应激之间起决定作用的是官兵的认知评价,对自我能力的认识和情感的评价过于片面,不能认识到理想与现实之间的差距,难于在自我与现实之间协调的个体更容易发生战斗心理应激反应。

需要特别指出的是并非所有的应激反应都是有害的,不同性质、强度、持续时间的应激事件可以引起不同的应激反应。不同个体对自身出现的应激反应会有不同的评估,而过于消极的评估结果会直接影响作战人员的战斗状态,例如会造成自信心动摇、判断力下降等。

(三)军事应激救援体系不健全

从军事应激救援体系上来看,目前还存在一定的不足。首先是应激救援队伍建设滞后,心理专业工作人员是救援队伍的主力军,但目前缺编比较严重,缺乏具有专业背景的心理工作者,无法保障战斗力;其次是应激综合救援能力不足,缺乏具有丰富经验的心理骨干,缺少专业化常识和专家支撑,综合处置能力不足;最后是应激救援体系不集成,缺乏直接、高效、便捷的应激救援综合平台以及合理的指挥架构、体系。

四、如何应对军事应激反应

军事应激反应应对一定要在军事作业环境和军事作业任务中进行,其应对目标是通过采取防治对策,将应激唤醒水平控制在一个合理的水平。

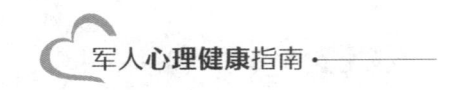

(一)高质量的军事应激反应预防

国内许多军事心理工作者为不同类别、执行不同任务的军事人员制定了不同的心理训练方案,虽然不同的训练方案侧重点有所不同,但是其目的大抵相同,就是帮助官兵维持正常的情绪状态,拥有良好的意志品质、健全的人格、成熟的自我意识、融洽的人际关系等。

部队各级指挥员和心理工作者在开展军事应激条件下的心理健康工作中要区分类别、把握重点,有针对性地开展心理工作,提高军事应激条件下执行特殊任务官兵的心理健康水平,进而维护和提高部队的战斗力。

(二)积极的军事作业任务评估

官兵产生的军事应激反应在于其对军事作业任务的认识评估,而影响评估的因素有当前掌握的信息量以及以往的作战经历和经验等。帮助官兵进行积极的军事作业评估,可以在允许的范围内对执行任务的官兵进行说明,使其充分了解任务的特点和要求,另外要体现对其完成任务的充分保障以增强他们对任务的理解和控制感。引导官兵正确理解自身出现的应激反应,接纳自己为了克服、减弱应激源的影响而采取的各种应对方式。对作战经验不同的官兵要个体化对待,逐渐增加任务的强度、难度,增强个体的适应能力。

(三)强大的心理支持与帮助

在战争环境中,支持系统是非常重要的,给予心理支持是预防和干预心理应激最基本的工作内容。它作为一个缓冲因素,能够增强主体能力,以便应付外在的威胁。

当官兵出现应激反应时,要无条件地接纳其情绪表达,站在官兵的立场去体会和理解其内心的真实体验。仔细倾听官兵的诉说,并给予反馈和心理上的支持,促进官兵的情绪表达,释放他的压抑和困惑。在支持系统的帮助下,识别自身所出现的一些症状是正常现象,而不是把自己吓倒。

而作为支持系统的重要因素之一的团队凝聚力,则会给大家带来乐观的情绪,增强信心。和谐的团队氛围,战友间的协同作战、分享分担、相互信任和鼓励等都会使官兵产生支持感和力量感来应对应激反应。

(四)完善的军事应激反应救援体系

部队的卫生主管部门要将军事应激障碍的预防和救护列入工作内容,并建立相应的救护系统,配备必要的编制人员专门负责军事应激障碍的防治工作。例如组建由部队心理医生、部队精神科医生、部队心理骨干等人员组成的心理应激干预小组,建立军事应激干预的专业队伍、军事应激干预的评价标准、军事应激干预的网络体系和训练方案。

战时,部队接到任务命令以后,从军事应激救援的流程上看,见缝插针的心理工作也是必要的。执行任务前,根本目标在于预防,可以通过心理教育、心理辅导、心理训练等方法使官兵掌握相关的心理学知识,健全心理素质,增强自我调适能力以及抵御应激的能力,降低军事应激的发生率。在执行任务的过程中识别并处理官兵的应激障碍,缓解战斗应激反应,减少非战斗性减员。另外任务结束并不意味着心理工作的结束,任务结束后可以通过积极的心理评估和诊断来筛查官兵是否有创伤后应激障碍的风险,通过心理咨询和治疗来促进官兵的成长。

五、军事应激反应的自我评估

(一)战斗心理应激反应的评估

对于突然出现的战斗心理应激反应,我们需要对其进行快速评估与处置。但是由于个体的差异性以及瞬息万变的战场环境使得快速评估变得异常困难。所以出于实际需要,战斗心理应激反应的评估可以分为两种:即时评估和即时后评估。

1.即时评估。对于在战场上出现的战斗心理应激反应,我们需要马上对其进行评估。其中主要包括两个方面:定向和功能性。所谓"定向",就是我们要问这样的问题:"你叫什么?""你知道你现在在哪吗?""你知道你的单位番号吗?"如果在最基本层面上定向成功,那就要增加问题的难度:"刚刚发生了什么?""下一步你打算怎么办?"重要的是,我们不仅要评估可能出现的严重反应,我们还要为官兵提供相关的准确信息,这对于事件的结果有极其重要的影响。关于功能性我们要评估出现战斗心理应激反应的官兵是否还可以继续完成其任务,如若不能应将其撤出战场,进行医疗后送。需要我们加以辨别的是在经历过战争后,军人都会有或多或少的战斗心理应激反应,这多属于正常反应,通常不需要进行医疗后送。

2. 即时后评估。经历过危及生命的战争后,我们需要对仍处在作战环境中并出现生理和心理反应的官兵进行评估,需要对其进行鉴别诊断,判断其是否会对自己或他人产生威胁、是否需要后续治疗等

(二)创伤后应激障碍清单(PCL)

目前用于评估PTSD的筛查和诊断的量表较多,主要包括自评量表、半结构式与结构式访谈表等几类,绝大多数量表具有较好的评估效果,其中自评式量表中目前效果较好并且应用较广的是创伤后应激障碍清单(PCL)。

创伤后应激障碍清单(The PTSD Checklist – civilian version ,PCL – C)

指导语:下面是一些在经历应激性事件后人们经常会有的问题和抱怨。请仔细阅读每一个项目,您自己评估最近1个月内此次应激性事件对您造成的烦扰,并在最合适的分数上画"√"。

	从来没有过	轻度	中度	重度	极重度
1.即使没有什么事情提醒您,也会想起这件令人痛苦的事,或在脑海里出现有关画面	1	2	3	4	5
2.经常做有关此事的梦	1	2	3	4	5
3.突然感觉到痛苦的事件好像再次发生一样(好像您再次经历过一样)	1	2	3	4	5
4.想起此事,内心就非常痛苦	1	2	3	4	5
5.想到这件事,就出现身体反应,例如:手心出汗、呼吸急促、心跳加快、口干、胃痉挛、肌肉紧张等	1	2	3	4	5
6.努力地回避使您想起此事的想法或感受	1	2	3	4	5

续表

	从来没有过	轻度	中度	重度	极重度
7.努力地回避会使您想起此事的活动、谈话、地点或人物	1	2	3	4	5
8.忘记了此事件中的重要部分	1	2	3	4	5
9.对生活中的一些重要活动,如工作、业余爱好、运动或社交活动等,失去了兴趣	1	2	3	4	5
10.感觉和周围的人隔离开了	1	2	3	4	5
11.感觉情感变得麻木了或不能对情人有爱的感觉(例如,感觉不到亲切、爱恋、快乐等感觉或哭不出来)	1	2	3	4	5
12.对将来没有远大的设想(例如,对职业、婚姻或者儿女没有期望,希望生命早日结束)	1	2	3	4	5
13.难以入睡或睡眠很浅	1	2	3	4	5
14.容易被激怒或一点小事就会大发雷霆	1	2	3	4	5
15.很难集中注意力	1	2	3	4	5
16.变得很警觉,或觉得没有安全感(例如,经常巡视你的周围,检查异常声音,检查门窗)	1	2	3	4	5
17.容易被突然的声音或动作吓得心惊肉跳	1	2	3	4	5

【结果说明】

其中第1—5条评定创伤再体验、第6—12条评定麻木和回避、第13—17条评定警觉性增高。评分标准:17—37分:无明显创伤后应激障碍症状;38—49分:有一定程度的创伤后应激障碍症状;50—85分:有较明显的创伤后应激障碍症状,可能被诊断为创伤后应激障碍(结果非诊断性,仅供参考),此时需要寻找专业人员进行访谈,然后再明确诊断。

第十七章　负性认知

> "能看到每件事情的好的一面,并养成一种习惯,还真是千金不换的珍宝。"
>
> ——[英]约翰逊

军队生活相对比较单调,纪律严明,训练任务繁重,突发情况多。面对同样枯燥单一的军营生活,有的人可能会以消极的想法和态度看待自己及环境,对自己进行负面评价或者看不到自己的价值所在,产生看不到希望和带有自我攻击性的消极念头,如:所有人都会远离我、我永远不会成功、我真没有用、没有人会爱我、我总是失败等。实际上大多数人都会在经历挫折无法面对时产生一些消极想法,有的人消极想法多,有的人消极想法少。消极想法过多,轻则易产生消极情绪,影响人际关系,重则影响社会功能,患上身心疾病。还时常被它们奴役,击垮自信心,削弱自尊心,进行自我否定。但请战友们放心,无论消极的想法多么善于伪装,我们都有办法判断、调整和训练,替换为积极的想法并赋予生活的意义,从而更智慧、更幸福和更有战斗力。

一、什么是负性认知

日常生活中,有的人会有这样的想法:"不管怎么努力,我都比不过别人。""他(她)们总是抛弃我,没有人真心喜欢我。""她要与我分手,都是我不够好!""我应该对这件事(这个人)负责!""我做不到,我真没用。""不如现在就放弃吧,这太难了!""这次考试又没考好,我真的是太失败了!"等等。当你决定要去做什么事情的时候,就会有一些消极的想法在你脑子里四处蹦跶,来阻止你、打击你,而这些消极的想法就属于负性认知。

认知,是指人们获得知识或应用知识的过程,或信息加工的过程,这是人的最基本的心理过程。它包括感觉、知觉、记忆、思维、想象和语言等。人类个体对客观世界的认识过程中,有人偏向于正性(积极)加工,有人偏向于负性(消极)加工。

负性认知又称负性认知加工偏向,是个体在信息加工过程中,对于信息存在负性加工偏向的一种认知特质。负性认知加工偏向的人容易形成个体的自动化思维,表现为对自我、环境和将来的负性看法增多。经过文献检索与分析归纳发现,负性认知加工偏向的概念主要包括认知倾向、信息加工过程、态度、认知方式、归因方式、认知习惯、认知定势、思维过程、认知特质9个范畴和消极、负性、稳定性、负性信息加工易化、负性信息脱离困难、偏好性、非适应性、不合理性、缺陷等9种特质。闫晓钒等编制了负性认知加工偏向问卷,问卷包括4个维度:负性注意偏向、负性记忆偏向、负性解释偏向和负性沉思偏向。负性认知加工偏向会导致个体体验更多的消极情绪,进而影响心理健康。研究表明,负性认知加工偏向可以有效预测特质焦虑状态、抑郁情绪以及心理健康水平。负性认知偏向高则更可能出现社交焦虑、评价恐惧和抑郁。

二、负性认知有什么表现

部队官兵的日常生活相比普通人面临更多的压力与挑战,遇到各类自然灾害、社会公共安全危险事件时,一定是第一个去面对和处理的人。负性认知是基于非理性的、自动化的,是对过去、当下及未来事件的负性记忆偏向、负性解释偏向、负性注意偏向和负性沉思偏向。负性认知加工偏向主要有以下的表现。

(一)负性情绪

心理学上把焦虑、抑郁、紧张、愤怒、沮丧、悲伤、痛苦、失望、恐惧等情绪统称为负性情绪(negative emotion),又称负面情绪或者消极情绪,是指给身心带来不舒适的情绪体验,甚至影响工作和生活的顺利进行。负性情绪在每个人身上都多多少少存在着,少量短时的负性情绪可以作为人生的调味品和通信员,提醒身边的人或者自己生活是多滋多味的、自己具备情绪的敏感性。但如果大量长时的负性情绪一直得不到排解,自己也无法接纳负性情绪的存在,将对人的身心造成极大伤害。在军队中,负性认知加工偏向导致常见的负性情绪有以下几种。

1. 抑郁

心理学专家曾对高原军人进行调查,发现负性认知加工偏向与抑郁检出率之间存在显著相关,是抑郁易感者和抑郁患者的重要特征。贝克认为抑郁症患者的负性认知偏向是抑郁症状产生及维持的基础。有研究表明抑郁症患者存在记忆与注意的负性偏向,即相比中性及正性信息,抑郁症患者更容易对负性(悲伤、焦虑等)信息进行加工,在加工过去时,常常想到令人不开心的画面。在生活中,负性认知加工偏向的人注意力更容易被悲伤、痛苦等负性情绪吸引。有调查发现,抑郁症患者对负性情绪的图像、场景的注视时间延长,对悲伤的面孔存在注意偏向,而对愉快的面孔则容易忽略。另外,抑郁情绪个体在对模糊信息的加工过程中存在显著的负性解释偏向。

2. 焦虑

在新形势下,军人工作环境与工作内容都更为多变,军营环境人员密集,涉及多方面的人际交往。不知不觉中,社交焦虑已经演变成为困扰部队广大官兵的人际关系问题。社交焦虑个体普遍存在负性认知偏向,负性认知偏向可能使他们对负性的评价更加关注,对正性的评价进行歪曲的解释或者外部归因。由于个体间存在认知加工差异,焦虑个体的注意偏向导致他们常忽视正性积极的信息而强调负性消极的信息。注意偏向使社交焦虑人群更加关注人际交往中的消极信息;记忆偏向会加强社交焦虑人群的负性记忆,并降低他们对正性回忆的效价评分;解释偏向使社交焦虑人群从负性生活事件中获得更多的消极情感体验,而对积极事件打折扣;在解释偏向中,高状态焦虑军人更倾向于消极解释。此外,发生在交往事件前、后的负性沉思偏向使社交焦虑人群陷入负性自我评价及对未来的担忧中,使得焦虑情绪持续存在。

3. 恐惧

恐惧心理就是平时我们说的害怕,是人类的一种心理活动状态,指人们在面临某种危险情境时,想要摆脱但又无能为力,产生一种担惊受怕、强烈压抑的消极情绪体验。原本就有焦虑情绪的人更易对正性评价进行消极解释,由于对他人评价的消极认知引发了评价恐惧情绪。这种对正性评价产生恐惧情绪,对负性评价也产生恐惧情绪的情况更多是由于负性认知影响的。恐惧的不是事件本身,而是负性认知加工偏向,是大脑中的惯性思维进行了消极的解释。还有的同志则是习惯用负性思维关注和担忧自己在社交场合的表现,总认为自己不够优秀或者害怕别人说自己表现差劲,自己对自己有负性的解释评价,同时害怕别人对自己有负性的评价,继而害怕参与社交活动和在公共场合发言。

(二)自卑

自卑的情形在任何人身上都可能产生,几乎所有的人都存在自卑感。自卑感是指在和别人比较时,由于低估自己而产生的情绪体验。自卑是一种长期的负面状态,总觉得自己不如别人的感觉,是对自我的一种否定。军人处于相对封闭的训练环境,个体表现或全方位施展自己的才能的机会相对要少些,而面临与处理突发危机的事件更多。有时会出现过度担心负性事件的发生和将要付出的代价,担心自己没有能力应对突发危机事件。如果还存在过去失败的经历过多,成功体验太少,则记忆偏向会更倾向把受挫的体验感受再次提取出来。在面对新问题新事件时,注意偏向会先关注到负面的情绪、负性的事件,从而导致自己无法很好地面对和解决问题。有自卑情形的军人在从事某个任务时,会在未做之前给自己一些信号,告诉自己能力不足或者无法应对。事件结束之后会再次进行负性解释,使自己更加坚定地相信自己确实是没有能力、会失败的。进行冥想或者反思时,绝大多数时间总是看到事物消极的一面和自己的不足之处,导致自己更加没有自信心。

（三）适应缺陷

人类的社会适应主要是指人际适应，也包括环境适应与工作适应。军人在部队的生活环境、生活方式、工作内容等与非军人时候区别较大，易随工作任务而改变。这些变化太快太大，以及对未来的不可预知，让他们担心自己无法适应新的环境，再加上负性的解释加工偏向可能会导致出现精神上的紧张、干扰，而使自己的思想、情感和行为发生偏离社会生活规范轨道。随着年龄和军龄的增长，高原官兵在注意、记忆、解释和沉思方面都表现出较高的负性认知加工偏向，负性认知加工特征并没有因为生理的逐渐适应而减弱。高纬度生理的不完全适应与个体的抑郁和负性评价相关，记忆中高原不适应的案例、生活中不适应高原环境生活事件的关注、对不适应高原环境的归因方式、潜在的抑郁状态和负性认知评价等都可引起适应缺陷。个别部队官兵由于对工作任务强度、应激事件等存在负性认知评价，在注意、记忆与解释某一事件时表现得更为消极、片面，形成自动且反复的负性思维习惯，而负性思维习惯反过来又表现出更明显的负性认知加工偏向，更加不能很好地适应工作与生活。

三、负性认知是怎样形成的

人是社会的人，军人在未进入军队以前，便存在不同的养育模式、地域文化、教育背景以及个性特征等。他们的成长经历以及接受的教育均会影响他们的信念体系，形成不同的认知偏好。其形成因素纷繁复杂，很难从某个单一的因素上找到原因。那些影响人生道路的消极心态、思维误区也就是负性认知，它们就像导航地图，导向情绪低落、低尊重和低价值感。在生活中遭遇了不好的事情后，人们常常会感受到很多消极的情绪。其负性生活事件、家庭教养方式、负性自动思维、性格缺陷以及不健全的人格等都可能对人的负性认知产生影响，本文仅从三个主要方面进行分析。

（一）负性生活事件

大脑是信息加工的中心，大脑皮层（由数十亿个神经元组成）是高级认知功能（注意、记忆等）的主要神经基础，是复杂思维的所在地。在社会生活中，当某个消极变动信息被感知、注意到并置于即时记忆，而该生活事件让人体验到了负面的情感或者感受，再经过识别成为记忆。此类给人带来负性情绪感受和体验、产生负性认知的事件，我们把它称为负性生活事件或者创伤事件。如果这样的刺激信息反复出现，神经元之间的联系亦会随着负性生活事件的增加而增强，神经网络通过学习建立一个连接，形成一个习惯。大脑皮层下面有一个复杂的结构系统叫边缘系统（海马体和杏仁核），海马体负责将信息编码导入记忆，杏仁核负责调节情绪和形成情绪记忆。我们聪明的大脑一旦发现原来的或类似的刺激情境出现，原来的负面感受、消极情绪等习得的习惯反应就会自动出现。另外，对于负性生活事件（创伤事件）在编码和提取过程中与正性事件信息加工机制也不一样，如果创伤比较严重，记忆系统会加强对情感和感知细节的加工，同时会抑制将这些特征整合起来的加工过程。所以，经历负性生活事件（创伤事件）的人有时候不能加工整个事件的背景，但能回忆起他们当时的感受和一些细节。

负性生活事件让大脑神经元通过注意、记忆与消极情绪建立了密切的连接，形成负性自动思维模式，也是引发抑郁的主要因素之一。

（二）重要他人影响

我们每个人都是社会人，需要通过重要他人的抚养才可以长大成人。在成长的过程中，我们通过观察、模仿原生家庭及社会环境中重要他人的言行来学习经验。在原生家庭中，父母亲过度保护、惩罚与严厉、亲子疏离和苛刻要求会让人体验到负性情绪，产生负性自动思维，母亲拒绝、否认和父亲过分干涉易导致抑郁。另外，父母的思维模式、应对社会生活事件是积极还是消极的，也会直接影响人们的认知。比如习惯抱怨、悲观的父母极易养育抱怨、悲观的子女。而善良、开朗的父母则易养育善良、开朗的子女。童年时经常被否定的恐惧，也会导致成年后陷入自我怀疑和需要认可的怪圈。我们怕自己不够好，怕自己被重要他人的抛弃。所以，在生活中，我们的负性情绪与负性认知都更易被身边的重要他人影响，比较而言，则不那么容易被陌生人影响。晋朝文学家和哲学家傅玄在《太子少傅箴》中指出:"近朱者赤,近墨者黑;声和则响清,形正则影直。"其实就是在告诉我们,身边的重要他人与我们生活的环境会直接影响我们成长为什么样的人,以什么眼光和思维来看待这个世界。

(三)心灵病毒传染

听说过心灵病毒吗?它是一种精神控制人的认知的神经病毒。通俗地讲,是指一段文字、一句话、一个表情、一个行为等,植入人的大脑后快速自我复制,破坏人脑的正常认知,操纵其行为、意志、信仰,具有传染性、隐蔽性、寄生性等特性。心灵病毒具有传播性、隐蔽性、感染性、潜伏性、可激发性、自我繁殖性、再生性、变异性、表现性和破坏性等计算机病毒的基本特征和生物病毒特征。所以,你完全有可能会在不知不觉中被感染心灵病毒,复制消极情绪,习得一些负性自动思维。因为人类有一群被称为"镜像神经元"的神经细胞随时在反映他人的行为,无论简单的还是复杂的都会被复制模仿。镜像神经元拥有认知能力、模仿能力和体验别人情感的能力,是模仿他人动作以及学习能力的基础,是人与人之间进行多层面交流与联系的桥梁。它与大脑中储存记忆的神经回路相似,让人们可以不需要复杂的推理过程,自动化地理解并做出基本动作。当我们看到别人经历某些负性情绪时,大脑中的镜像神经元就会活跃起来,从而启动了一种直接的体验式理解方式。所以,如果我们没有坚定的信念和坚强的意志品质,当我们读到负性的文字、听到负性的话语、看到负性的画面等都有可能在无意中被心灵病毒感染。

四、如何应对负性认知

在工作与生活中,偶尔的负性注意偏向、负性记忆偏向、负性解释偏向和负性沉思偏向对人类会有一定的帮助,它会提醒我们增强保护意识,避免自身受到伤害,在有可能面临负性生活事件或者危险来临之前做好准备工作。以积极主动的态度看待负性情绪和负性思维。针对军人工作的特殊性,本文从三个方面谈如何应对负性认知。

(一)牢记核心价值观

价值观是人基于一定的思维感官而做出的认知、理解、判断或抉择,是人认定事物、辨别是非的一种思维或取向,从而体现出人、事、物一定的价值或作用。价值观具有稳定性和持久性、历史性与选择性、主观性的特点。它对人们自身行为的定向和调节起着非常重要的作用,决定着人的自我认识。价值就是选择人生方向,选择自己具体要去什么方向,选择自己的人生道路,在社会规范的允许范围内做某些事情是我们可以控制的。一个人有什么样的价值观,就会有什么样的行动。我们要清醒地知道自己要去做什么,所做的事情是否让自己的生活更加充实和有意义。如果心中有明确的方向,你可以自主地将精力聚焦于有效的行动,价值的引领和专注可以避免负性认知对自己的干扰。对于我们军人的身份角色而言,其核心价值观不仅关乎个人幸福,更关乎国之命运。我们心中始终装着崇高的理想和信念,那就是保护国家领土完整是我们的使命,保障人民安居乐业是我们的责任。作为军人一定要有科学的价值观,在关键的时候有清晰的合理认知,能分清事情的轻重缓急,从而提升战斗力。

军人的核心价值观引领和指导我们始终牢记自己的使命、忠诚于党、热爱人民、报效国家、献身使命、崇尚荣誉,要为"打得赢"提供强大的精神动力,要为"不变质"提供坚实的思想政治基础,要为和谐军营建设提供行之有效的基本准则,要为官兵的全面发展提供正确的价值导向。只有坚持科学的价值观导向,方能坚守初心,迈向成功的彼岸。

我们可以想象自己是一棵参天大树,充分吸收党的阳光的滋养,在祖国温暖的怀抱下勇敢生长,有了坚强、英勇、强健、威武的底色,相信我们的存在是国家兴亡的重要保障,是祖国强大安稳的坚强后盾,能为人民幸福生活保驾护航。

(二)认知解离自助法

众所周知,大脑是认知的工具,大脑会随时随地不受控制地产生各种各样的念头。在这里,我特别想表达的是,无论其想法是积极的还是消极的,我们都要在感知觉察的基础上，看其功能是给我们带来困扰还是有助于创造让我们真正满意的生活。假如消极想法太多，严重困扰了我们的生活，令我们掉入痛苦的深渊久久无法自拔，此时便可运用认知解离来帮助自己。

什么是认知解离呢？认知解离指的是将自我从思维内容、记忆感觉、语言规则中分离，客观地注视思想活动如同观察外在事物，将想法看作是语言和文字本身，而不是它所代表的事物，从而认知和行为不再受其直接控制。心理学家海斯指出，认知解离可以使个体和自己的想法、主观经验保持一定的距离，只需要看着它们，不需要"相信"或者"不相信"，不需要"评价"或者"不评价"，只是观察它们就是。

我们的目标不是消除负性认知，而是去看到想法的本质，接纳它们、与它们和平相处，不去与之进行对抗。比如：当"我真倒霉""我太差劲了""我能力不行"等负性思维出现的时候，我们可以想象自己是墙上的摄像头，正像看电视剧一样，留意影视情节中自己的负性思维是什么？它是怎么产生的？我们不去推开它，只需要默默地观察它的出现，注意这个负性想法对我们产生了什么影响？无论这个负性想法我们是喜欢还是不喜欢，它都像我们的一个老朋友一样会不请自来，我们只需要静静地看着它们自如来往，接纳它的存在，并告诉自己这些都只是头脑中的一个想法而已。

（三）满怀希望向前看

积极的人在每一次忧患中都会看到一个机会，而消极的人则只看到忧患，看不到机会。希望不只是一个感觉，更是原始的动力。当遇到挫折没有更好的方法去应对时，世界上有个声音在告诉你"放弃吧"的时候，希望是我们内心最温暖的声音，坚定地给自己说"再试一次吧！"希望可以减轻痛苦感，帮助我们实现目标，帮助我们把挫败当作改善的良机。亲爱的战友们，如果你有梦想，你就要守护它。无论你的大脑给你什么样的负性提示，无论我们遭遇什么样的绝望境地，我们都永远不要放弃希望。格鲁普曼指出："虚假的希望或许会导致人们放纵选择以及做出错误决定。而真正的希望则考虑到了现实中的威胁，并能寻求迂回前进的最佳途径。"

希望可以帮助我们疗伤,提升我们的幸福感,阻止我们滑向"灾难性"后果。《让希望发生》的作者谢恩·洛佩兹说,希望可以缓冲我们所受到的压力、焦虑以及生活中各种负面事件的冲击。"看生活光明的一面"可以提升我们的幸福感、减少无助感,并可以改善我们的心理健康。作家布拉德利表示,对旅行者来说,希望之旅比绝望之旅更愉悦,即使两者都通往相同的目的地。我们可以做三件事给自己最大的希望能量:一是跟"过去"和解;二是对"当下"的主控权;三是对"未来"有想象。前方有路,未来可期,每天都会更美好。

五、负性认知的自我评估

负性认知加工偏向问卷

亲爱的战友:

请认真阅读每句话,然后根据该句话与您的实际情况相符合的程度,在您认为最符合的数字上画"√"。数字代表的意思如下:1—完全不符合,2—不太符合,3—比较符合,4—完全符合。

每个题只能选一个答案。

本测验没有时间限制,但对测试题不必过多考虑,如实作答就可以了。

请务必回答每个问题,不要有遗漏。

条目	完全不符合	不太符合	比较符合	完全符合
1.我的注意力容易被电视中悲惨的画面吸引,并难以转移	1	2	3	4
2.我还清晰地记得某次被人嘲笑的情景	1	2	3	4
3.我从来都没有说过一句谎话	1	2	3	4
4.我的注意力容易被凄厉的声音所吸引,并难以转移	1	2	3	4
5.我总是清晰地记得自己的失误	1	2	3	4
6.我经常思考为什么我这么孤独	1	2	3	4
7.在与别人交往的过程中,如果说错了话,我会很长时间忘不掉	1	2	3	4
8.我的注意力容易被别人忧郁的眼神吸引,并难以转移	1	2	3	4

续表

条目	完全不符合	不太符合	比较符合	完全符合
9.即使我认为自己没有做错,别人对我的批评我也会记住很长时间	1	2	3	4
10.我从没生过病,哪怕是轻微的小感冒	1	2	3	4
11.我的注意力容易被他人悲伤的表情吸引,并难以转移	1	2	3	4
12.我经常思考为什么我的心情低落而别人没有	1	2	3	4
13.我很容易记住别人对我的否定评价	1	2	3	4
14.我的注意力容易被小说中悲惨的故事情节所吸引,并难以转移	1	2	3	4
15.我经常思考自己为什么这么伤心	1	2	3	4
16.我认真作答了本问卷	1	2	3	4

【结果说明】

该量表有三个因素。(1)负性注意偏向:由1,4,8,11,14条目组成;(2)负性记忆偏向:由2,5,7,9,13条目组成;(3)负性沉思偏向:由6,12,15条目组成。同时还有效度条目:3,10,16。每个因素的总分由各个条目得分相加,因素的得分越高,则表明在该因素上的负性倾向越严重。

第十八章 自杀

> "尊重生命、尊重他人也尊重自己的生命,是生命进程中的伴随物,也是心理健康的一个条件。"
>
> ——[德]弗洛姆

自杀是人们有意识地自己夺取自己生命的行为。在我们生活的某一个阶段,特别是在承受极端压力和心情沮丧的时候,我们都产生过自杀的念头。但好在我们中的绝大多数人都挺了过来,并且后来生活非常幸福。作为军人,特殊环境的军事作业任务和战争经历,给了我们更多压力。可能有的战友出现了想要伤害或结束自己生命的想法,请严肃对待,并向他人寻求帮助或给有这样想法的战友施以援手。一般来说,想要自杀的人会认为自己的处境已经是完全没有希望了。在这种情况下,死亡看上去是唯一的选择。但是,天无绝人之路,人生总会有其他选择,总会有希望存在。

一、什么是自杀

自杀是一种综合型的不适状态,处在这种不适状态中的个体,有意识地企图伤害自己的身体,以达到结束生命的行为。据美国国防部研究发现,军人中自杀比例要低于平民,但战争使自杀率急速攀升,这是因为美军长期持续的战争行动中,军人处在持续压力之下,心理健康问题和自杀是有可能增加的。当然,如果官兵患有抑郁症、焦虑症、适应障碍等心理疾病,想要结束自己生命的想法会增加。

自杀往往不是由一个简单的原因造成的,一个人下定决心走向死亡,与他自身的性格特征、成长环境、童年经历、诱发事件、社会支持甚至遗传因素等都有关系,自杀的原因很复杂,也导致自杀的防控比较困难,但是自杀又不得不防,因为自杀事件对家庭和社会的影响非常深远,世界卫生组织公布显示,每一个自杀死亡者,可能会影响周围二十个人。军队是一个特殊的战斗群体,军人自杀会导致部队减员,战斗力下降,对国家安全稳定有消极影响。因此,了解自杀的影响因素以及自杀行为前的征兆,对自杀进行及时的识别和预警,对于维护军人身心健康,预防军队自杀事件,提升军队战斗力有积极的作用。

二、自杀的识别

军人在以下情形中可能产生自杀的风险,如:在生活、训练和人际交往中经历较多的压力生活事件,患有心理疾病如抑郁症,有家族精神病史或家人曾有物质滥用的情况,等等。绝大多数遭遇以上压力、生活事件的军人虽然没有自杀风险,但也会极度痛苦。所以,一个有自杀倾向的人不应该被置之不理,而是要让他马上寻求心理治疗。

识别自杀线索主要包括这几个方面:评估自杀想法及企图、观察自杀相关行为、发现预警信号、评估自杀危险因素和保护因素等方面。

(一)评估自杀想法和企图

评估目前存在的自杀未遂及其程度是评估的关键部分。自杀风险临床评估的首要方面是有自杀想法、有自杀想法的自杀未遂、不实施自杀行为的求生欲望及求生能力。

(二)观察自杀相关行为

自杀前准备行为包括形成自杀计划、预演自杀计划、采取准备自杀的步骤(储存药物、买木炭、刀具及把绳子系成套索等)。评估计划的致命性很重要,但对于致命性的估计和对于其行为可能的后果的估计也很重要。

(三)发现预警信号

许多自杀者可能表现出其要实施自杀的预警信号。这些预警信号表现为与自杀行为联系最紧密的急剧变化的情绪、想法和行为,也体现了马上就要发生的风险。

自杀意图的表达:关于自杀、想死、死亡(威胁伤害或杀死自己),企图实施这些想法的书面或口头的表示。

为自杀做准备:自杀未遂的征兆表露,或是按部就班地实施自杀计划。为自己需要照顾的人(孩子、配偶、老人)做出安排,或者做其他准备,如写遗嘱、为偿还债务做安排、与亲人道别等。

寻找致命的手段或最近使用过致命自我伤害手段:比如武器、药物、毒药或其他可致命的手段。

(四)评估自杀危险因素和保护因素

大多数自杀问题不是由学校、连营旅心理咨询师来诊断的,而是由精神心理医生来确诊的。他们能够敏锐地发现并预警,所以,如果你有以下危险因素中的情况,请如实告诉你的心理咨询师和精神心理医生。

危险因素指增加自杀行为的可能性,包括可变的和不可变的指标:人口学特征(年龄、性别)、过去和当前的自杀史、个人史(躯体疾病史、家族史、社会心理史、神经生物学特征)、人格的优点和弱点等。具体如下:

(1)有家族精神病史或家人曾有物质滥用的情况,尤其是如果其中还有身体或性暴力问题。

(2)家人中曾有人自杀。

(3)曾经历过他人自杀事件,比如家人、同事或其他人。

(4)抑郁、精神疾病和药物滥用(超过90%的自杀者同时有这些问题)。

(5)处于关禁闭的状态。

(6)想伤害或杀掉自己。

(7)试图得到药物、枪支或其他可以用来伤害自己的东西。

(8)谈论或写下那些关于死亡或自杀的东西。

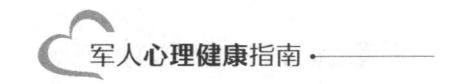

(9)绝望感。

(10)暴怒,不可控制的愤怒,伺机报复。

(11)感到已经没有活下去的理由。

(12)行为莽撞。

(13)感到自己被困住了,好像找不到出口。

保护因素指个人的能力、特质、环境及个人的应对资源。可以促使个体走向成熟、稳定、健康的恢复能力,提高应对不同的生活事件的能力,降低发生自杀行为的可能性。这些因素包括:身体健康、没有精神疾病、家里有孩子、对家庭的责任感、对生活的满意度较高、具有现实检验的能力、积极的应对技巧、良好解决问题的能力、充足的社会支持等。

(五)自杀风险分级

经过系统的自杀风险评估后,将其分为以下三级:

(1)低自杀风险:通常指有自杀想法,但是没有自杀计划和行为者。

(2)中自杀风险:指有自杀意念、有自杀计划,曾经自杀未遂,但是近两周内不会实施自杀者。

(3)高自杀风险:自杀意念强烈并有完整的自杀计划或自杀未遂者,在两周内可能实施自杀的人群。

三、为什么会自杀

我们是生活在地球上最高等的生物,都非常珍惜生命,生命对于我们来说只有一次。同时,我们每个人都有自己的使命,都在追求人生有意义的快乐。但也有官兵在社会(婚姻、家庭、宗教、军队、政治等)、非社会(个人倾向、自然环境、种族、遗传、自然地理因素、效仿效应等)和心理因素的影响下,有意识地企图伤害自己的身体。从心理学的角度看,主要有以下5个方面的原因。

(一)心理分析的观点

驱力和性心理发展阶段理论认为当本能的需要被阻止时,可能引发愤怒、攻击或绝望,从而引起自杀;本能理论认为人有生本能和死本能,死本能和自杀基因都说明人天生有一种死亡的倾向,这种倾向在环境的刺激下可能引起自杀;精神结构与精神决定论认为抑制潜意识中难以接收的信息要消耗能量,而人所具有的能量是有限的,因此消耗的能量越多,生本能就越被削弱、死本能就越被加强;人格结构理论认为过度发展的本我和超我都可能引起自杀。

(二)心理社会的观点

该观点认为自杀者往往在以前各个人生发展阶段积累了过多的消极属性,没有获得相应的基本活力,当他们进入新的发展阶段时,缺乏或根本就不会有力量适应发展的要求,从而可能引起自杀。

(三)行为主义的观点

经典条件反射与操作条件作用认为自杀是一种无条件反应,现实生活中的各种自杀通常是在不同条件下的条件反应;社会学习理论认为通过对自杀案例的观察学习和潜在学习可能会引发自杀行为。

(四)人本主义的观点

从马斯洛的需要层次论可以看到需要未得到满足而失去生活的意义是自杀的危险因素,而自我需要得到满足有可能预防自杀;"乖孩子、好孩子(一味讨好别人)"也是自杀的危险因素。

(五)认知的观点

根据皮亚杰的发生认识论,所有心理发展都是由不平衡、不适应引起的,但是,不平衡、不适应也可能带来危机,引起自杀。

四、如何应对自杀

自杀作为一种对社会、家庭和自身安全危害极大的社会现象,已成为世界上重要的公共卫生问题之一。现有研究发现,自杀其实是一个对于人类生命威胁很大的问题,对全世界、全社会影响深远。自杀到底能不能防控?碰到想自杀的人,我们能做什么?如果自杀是发生在军队中,哪些措施能够更加有效地干预?

(一)坚定挽救生命的态度

生命是宝贵的,每个人只有一次生命,无论如何生命的目的、社会发展与人类的进步都不应该与自杀沾边。如果有人处于可能自杀的危险中,坚定挽救生命的态度就起到一个很关键的作用。同时,我们必须马上采取如下这些行动:

(1)马上告知他人(精神心理专家、心理咨询师、领导、亲友等),永远不要承诺替别人保守想要自杀这种秘密。

(2)认真对待这个人所关切的一切,不带任何评判地去倾听。

(3)告诉他做些什么会有帮助,比如不要与同事讨论这些问题,除非同事确实可以提供帮助。

(4)不要让有自杀想法的人接触武器或其他能够实施自杀的致命工具(这可能需要我们去寻求更多的帮助)。

(5)寻求其他人的帮助是必要的,比如战友或亲友的帮助。

(6)我们可以把精神心理专家、心理咨询师、领导、亲友等的自杀预防热线号码告诉他们。在想要自杀的人获得帮助之前,不要让他们有独处的机会。

(二)寻求帮助与支持

亲爱的战友,自杀热线是免费和私密的,受过训练的心理咨询师和心理医生会接听我们的求助电话并能提供有帮助的信息。如果我们出现以下情况,一定要联系自杀热线。

(1)悲伤强大得无法抵抗或感到绝望、想要自杀。

(2)我们关心的人正经历上述感受。

(3)对自杀预防、咨询、治疗及转介有兴趣、有需要。

五、如何寻求心理帮助

在做自杀危机干预的工作中,我们发现,自杀通常是人在应对过程中无能为力,没有其他更好的方法解决困境,而在绝望中进行的一种选择,所以说在真正实施自杀前,他们也一定尝试过各种求助方法。目前自杀危机干预最常见的方式有4种,如果我们,或者我们知道的其他人正处在这样的危机中,请一定要了解这些求助的方法。

(一)面对面的帮助

面对面的帮助是处于危机状态下的个体直接到危机干预机构寻求帮助,干预人员与求助者直接面对面进行会晤的一种危机干预方式。优点是能够快速、详尽、全面地了解求助者状况,从而及时、有效地针对求助者实施教育、解释和疏导等干预措施。

(二)电话危机干预

电话危机干预是处于紧急情绪状态、精神崩溃或企图自杀的个体,通过拨打心理援助热线向专业人员寻求帮助的一种危机干预模式。这种方式具有快速、节约路程及经济成本低、匿名等优点,特别适合军队人员使用,也非常适用于重大医疗突发事件中进行危机干预,避免直接接触。

(三)书信指导

书信指导是一种通过信函帮助求助者的方法,在信息不够发达的年代应用较广,现在适用范围有限,主要是用在路途遥远、交通不便、没有现代化信息通讯的一些偏远地区的求助者,或者是求助者不愿意暴露身份,但又想要解决当面难以启齿的问题时使用。

(四)网络视频干预

网络视频干预是随着互联网技术不断发展近年来应用广泛的一种远程

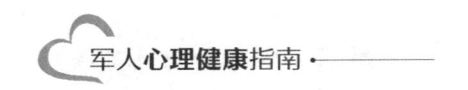

心理干预技术形式,它兼具面对面干预及电话咨询的优势,只要有手机、有网络随时随地可以进行视频对话,目前有很多手机App或者互联网平台都支持视频对话和视频会议功能,其最大的优点是不仅可以进行一对一干预,还能进行团体干预,非常省时、便捷,应该是未来心理干预发展的一种重要形式。

六、自杀意念的自我评估

贝克自杀意念问卷(SSI)

指导语: 下述题目是一些有关您对生命和死亡想法的问题。每个问题既问最近一周您是如何感觉的,又问既往您最消沉、最忧郁或自杀倾向最严重的时候是如何感觉的。每个问题的答案各有不同,请您注意听清提问和备选答案,然后根据您的情况选择最适合的答案。

1.您希望活下去的程度如何	中等到强烈	弱	没有活着的欲望	
2.您希望死去的程度如何	没有死去的欲望	弱	中等到强烈	
3.您要活下去的理由胜过您要死去的理由吗	要活下去胜过要死去	二者相当	要死去胜过要活下来	
4.您主动尝试自杀的愿望程度如何	没有	弱	中等到强烈	
5.您希望外力结束自己的生命,即有"被动自杀愿望"的程度如何(如,希望一直睡下去不再醒来、意外地死去等)	没有	弱	中等到强烈	
如果上面第4或第5项的答案为"弱"或"中等到强烈",请继续问接下来的问题;否则,请不用继续做后面的题目。				
6.您的这种自杀想法持续存在多长时间	短暂、一闪即逝	较长时间	持续或几乎是持续的	近一周无自杀想法
7.您自杀想法出现的频度如何	极少、偶尔	有时	经常或持续	近一周无自杀想法
8.您对自杀持什么态度	排斥	矛盾或无所谓	接受	

续表

9.您觉得自己控制自杀想法、不把它变成行动的能力如何	能控制	不知能否控制	不能控制	
10.如果出现自杀想法,某些顾虑(如顾及家人、死亡不可逆转等)在多大程度上能阻止您自杀	能阻止自杀	能减少自杀的危险	无顾虑或无影响	
11.当您想自杀时,主要是为了什么	控制形势、寻求关注、报复	逃避、减轻痛苦、解决问题	前两种情况均有	近一周无自杀想法
12.您想过结束自己生命的方法了吗	没想过	想过,但没制订出具体细节	制订出具体细节或计划得很周详	
13.您把自杀想法落实的条件或机会如何	没有现成的方法、没有机会	需要时间或精力准备自杀工具	有现成的方法和机会或预计将来有方法和机会	近一周无自杀想法
14.您相信自己有能力并且有勇气去自杀吗	没有勇气、太软弱、害怕、没有能力	不确信自己有无能力、勇气	确信自己有能力、有勇气	
15.您预计某一时间您确实会尝试自杀吗	不会	不确定	会	
16.为了自杀,您的准备行动完成得怎样	没有准备	部分完成(如,开始收集药片)	全部完成(如,有药片、刀片、有子弹的枪)	
17.您已着手写自杀遗言了吗	没有考虑	仅仅考虑、开始但未写完	写完	
18.您是否因为预计要结束自己的生命而抓紧处理一些事情?如买保险或准备遗嘱	没有	考虑过或做了一些安排	有肯定的计划或安排完毕	
19.您是否让人知道自己的自杀想法	坦率主动说出想法	不主动说出	试图欺骗、隐瞒	近一周无自杀想法

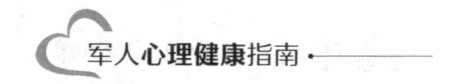

【结果说明】

贝克自杀意念问卷(SSI)是贝克根据临床经验和理论研究于1979年编制的用来量化和评估自杀意念的问卷。贝克自杀意念问卷最初由北京回龙观医院北京心理危机研究与干预中心进行了翻译、回译和修订,量表答案的选项为3个,从左至右对应得分为1、2、3,得分越高,求死的愿望越强烈。所有来访者都首先完成前5个题,如果第4和第5个题目的选择答案都是"没有",那么则视为没有自杀意念,就不需继续填写此卷;如果第4或者第5个题目任意1个选择答案是"弱"或者"中等到强烈",那么就认定为有自杀意念,需要继续完成后面的14个题目。对后14个题目修订时,为了方便评估,对个别题目(如6、7、11、13和19)的答案增加1个"近1周无自杀想法"的选项,其对应得分为"0"。自杀意念的强度是根据量表1—5题的均值所得,得分在0—100之间变化。分数越高,自杀意念的强度越大。自杀危险是依据量表的6—19题来评估有自杀意念的被试真正实施自杀的可能性的大小。总分的计算公式是[(题目6—19的得分之和 − 9)/ 33] * 100,得分在0—100之间变化。分数越高,自杀危险性越大。

参考文献

[1] 冯正直,祖霞.军人心理健康评价—理论与模型[J].第三军医大学学报,2015,37(22):2207-2212.

[2] 李竞宇.新时期下消防官兵心理素质训练和随机应变能力的培养[J].中国科技信息,2010(21):151-152.

[3] [美]西华德.压力管理策略[M].许燕 等译.北京:中国轻工业出版社,2008.

[4] [美]朱莉·卡塔拉诺,亚伦·卡明.情绪管理[M].北京:中国青年出版社,2020.

[5] 黄大庆.大学生认知情绪调节策略特征及其教育启示[J].中华流行病学杂志,2020,41(7):1151-1154.

[6] 刘佩玲.放松训练对中职学生情绪调节自我效能感的干预作用[J].现代职业教育,2019(6):178-179.

[7] 俞国良.大学生心理健康[M].北京:北京师范大学出版社,2018.

[8] [美]卡丽·H.肯尼迪,加里·G.凯.航空医学心理学[M].宋华淼 主译.北京:军事医学出版社,2016.

[9] [美]谢里尔·劳霍姆·斯科特,唐·菲利普特.军事心理健康指南军人及家庭、社区手册[M].冯正直,祖霞 译.重庆:西南师范大学出版社,2017.

[10] 陈济安,石凯.军队健康教育与健康促进(第3版)[M].北京:军事科学出版社,2021.

[11] 傅小兰.情绪心理学[M].上海:华东师范大学出版社,2016.

[12] [美]美国精神医学学会.精神障碍诊断与统计手册(第五版)[M].[美]张道龙 等译.北京:北京大学出版社,2016.

[13] 夏锋,冯正直.军事应激研究进展与类战争心身应激模型建立的思考[J].第三军医大学学报,2017,39(24):2335-2340.

[14] 冯正直,王佳.战斗应激反应的研究进展及展望[J].第三军医大学学报,2019,41(4):275-281.

[15] 肖春红,孟昭刚,张子璇.战斗应激反应的防控与进展[J].解放军预防医学杂志,2020,38(9):131-133.

[16] 刘阳,宁武凤,胡茂荣.创伤后应激障碍发病机制研究进展[J].国际精神病学杂志,2020,47(3):425-428.

[17] Matson, H. The treatment of "shell shock" in World War 1: Early attitudes and treatments for post-traumatic stress disorder and combat stress reaction [J]. *European Psychiatry*, 2016, 33.

[18] Steenkamp M. M., Litz B. T., Hoge C. W., et al. Psychotherapy for Military-Related PTSD: A Review of Randomized Clinical Trials [J]. *The Journal of the American Medical Association*, 2015, 314(5):489-500.

[19] 闫晓钒,张睿,冯正直.负性认知加工偏向问卷的研制[J].第三军医大学学报,2017,39(23):2329-2334.

[20] 王立菲,谢守蓉,李丽,等.高原军人心理健康与负性认知加工偏向、情绪调节方式的关系[J].第三军医大学学报,2017,39(15):1514-1519.

[21] 冯正直,许珂.心灵病毒研究现状与展望[J].第三军医大学学报,2019,41(19):1827-1831.

[22] [法]埃米尔·迪儿凯姆.自杀论-社会学研究[M].北京:商务印书馆,2008.

[23] 张宏宇,马慧.自杀心理的解读与危机评鉴[M].北京:科学出版社,2017.